売れない世界で
選ばれ続ける「仕組み」を
作る方法

森本 尚樹

はじめに introduction

この広い世界で、たくさんの書籍の中から、この本を見つけていただき、本当にありがとうございます。本書は、物語を通して、生きたマーケティングが学べる実践の書です。

マーケティングの原理原則から、マーケティング戦略の考え方、作戦の立て方、戦術を動かし成果を上げるための具体的なノウハウまで、ストーリーを楽しみながら、実践的なマーケティングを学ぶことができます。

マーケティングを学ぶ時、たくさんの書籍を読んだり、そこに書いてある用語や理論を丸暗記したりしても、実践ではあまり役に立ちません。本当に必要なことは学びを通して「気づき」を獲得することです。

本書をお読みいただくにあたり、ただストーリーを追いかけるのではなく、物語の登場人物と一緒に、考えをめぐらせ、ぜひ、あなただけの「気づき」を獲得してみてください。そして、機会があるなら、その気づきを小さな行動へと繋げてみてください。そうすれば、あなたは生きたマーケティング力を獲得することができるでしょう。

さて、話は変わりますが、なぜ世の中には、数多くのビジネスや商品が存在するのでしょうか？　なぜ新たなビジネスや商品は尽きることなく誕生し続けているのでしょうか？

それは、たったひとつの商品で、すべての人の問題を解決することはできないからです。たくさんの人を満足させられる商品があったとしても、一方で、その商品では満足できない人は必ずいます。その商品では自らが抱える問題が解決できなかった人です。新商品はそうした人たちの問題を解決するために誕生するのです。

これは書籍でも同じなのではないかと考えています。

この世界には、すでにすばらしいマーケティングの書籍がたくさんあります。ならば私がまたこうしてマーケティングの書を執筆する意味とはいったい何でしょうか？

理由はただひとつです。

それはビジネスの世界で、うまく行かず、もがいている「あなた」がいることを私は知っているからです。

叶えたい夢があるのに、そこに一歩も近づけないまま、まさにその夢を諦めようとしている「あなた」が、そこにいることを知っているからです。

どうしても売りたい大切な商品がある。でも売れない。そんな「あなた」を私は知っています。

なぜなら私自身が「あなた」と同じだったからです。

そして、そんな「あなた」に、今もクライアントとともに実戦現場に立ち、試行錯誤を続けている、私だからこそお話できることがあります。

これから始まる物語はフィクションです。でも、この物語の中で語られているマーケティング理論には一切、フィクションはありません。すべては私が泥の中を這いずり回り、失敗に失敗を重ね、ようやく辿り着いたマーケティングの真理です。

ようこそ実践マーケティングの世界へ。

お待たせしました。さあ、さっそく物語を始めましょう。

森本尚樹

contents

characters

登場人物

片山鋳造

岡田祐二《おかだゆうじ》	マーケティング室　室長
小橋遥《こばしはるか》	インターン
佐野源次郎《さのげんじろう》	マーケティング室　スタッフ
奥山和希《おくやまかずき》	マーケティング室　スタッフ
鮎川かおる《あゆかわかおる》	マーケティング室　スタッフ
片山勇《かたやまいさむ》	社長
吉川五郎《よしかわごろう》	常務

山崎凌《やまざきりょう》	ロックバンド・バンクス　ボーカル
楠木賢一《くすのきけんいち》	楠木モータース社長
楠木香織《くすのきかおり》	賢一の妻、岡田の姉
神木建造《かみきけんぞう》	オステリア・ダ・カミキ　オーナーシェフ
神木浩史《かみきひろし》	建造の息子
野崎正美《のざきまさみ》	レシピサイト投稿者
野崎さくら《のざきさくら》	正美の娘
野崎隆《のざきたかし》	正美の夫
ウィリアム・レノン	経営学博士、 レノン・コンサルティング創始者
石崎良夫《いしざきよしお》	スタンスフィールド国際法律事務所 東京オフィス代表

プロローグ

1

レノン・コンサルティングは謎のコンサルティング会社である。

五年前に他界した経営学の神様、ウィリアム・レノン教授が興した米国のコンサルティング会社であること以外、その実態を知るものはいない。

ウィリアム・レノン教授が亡くなった後、ほどなくしてレノン・コンサルティングは活動を休止したが、二年前に新生レノン・コンサルティングとして活動を再開している。新生レノン・コンサルティングのコンサルティング・スタイルはきわめて特殊だった。

コンサルティング契約を締結すると、カンパニー・ビュワーと呼ばれるアプリケーションを、すべてのパソコンとモバイルフォンにインストールさせる。カンパニー・ビュワーを導入すると、売上日報や経理日報などの数値データはもちろん、全社員の日報やチャット、メモパッド、通話記録にいたるまで、すべての情報が高度に暗号化され、インターネットを通じてレノン・コンサルティング側で閲覧できるようになる。

レノン・コンサルティングからの助言は、社長に対してのみ、専用のメールシステムを用いて行われる。レノン・コンサルティングのコンサルタントが、クライアントと顔を合わせることは一切ない。コンサルティングを受けていることは、社外はもちろん社内に対しても公表してはならないと契約書に明記されている。契約期間はいかなる場合でも一年。レノン・コンサルティングは、契約終了と同時に、コンサルティングのために収集したすべての情報を完全に消去し、その後はクライアントにコンタクトを取ることはない。

レノン・コンサルティングとの契約は、ボストンを本部とし、ニューヨーク、ワシントンD.C.、ロンドン、パリ、マドリード、ブラジリア、東京など世界二十四都市に拠点を持つ、スタンスフィールド国際法律事務所を通して行われる。

ウィリアム・レノン教授の死後、誰がその後継者となったのか、現在は何人のコンサルタントやアナリストが在籍しているのかも、一切公表されていない。

2

『マーケティング・セクションを創設してください。マーケティング・セクションのトップは、いかなる場合でも言い訳をしない人を選んでください。負けは負けと認めて、次に勝利をめざして前進できる人材を、社内から発掘してください』

1章　マーケティング・ピラミッド

1

「石崎先生、ご無沙汰しております」

片山勇は応接室に入ると、弁護士の石崎良夫に笑顔で歩み寄り、力強く右手を差し出した。

「片山社長、お元気そうで」石崎がその手を堅く握る。

石崎とは六か月ぶりの再会だ。石崎は七十五歳。四十五歳の片山とは、ちょうど親子ほどの年齢差がある。

「レノン・コンサルティングから報告を受けています。本当によく頑張られました」

石崎がこぼれそうな笑顔で片山の右肩に左手を添える。

「先生には感謝しかありません」

父親の急逝で、片山鋳造の三代目として代表取締役に就任したのが一年半前。その時点ですでに会社は倒産寸前の状態だった。

片山鋳造は創業六十年。大手自動車メーカーや装置メーカーの協力会社として、アルミニウム部品の鋳造を行う、従業員数三八〇名の中堅企業だ。精密部品の鋳造に関する技術力は高く、創業以来、安定した経営を続けてきたが、近年ではその業績に翳《かげ》りが見え始めていた。

そうした中、二年前の主要取引先の経営破綻をきっかけに、経営は急速に悪化。片山が代表取締役に就任してから、わずか半年で万策尽きていた。

その危機を救ったのが、レノン・コンサルティングだった。

「あの時、石崎先生からレノン・コンサルティングのご紹介がなかったらと思うと、今でも生きた心地がしません。すべては石崎先生とレノン・コンサルティングのおかげです」

「ウィリアム・レノン教授は、魔法の杖はない、と口癖のように言っていたそうです。レノン・コンサルティングが、魔法をかけて片山鋳造の業績を回復させたのではありません。すべては片山社長と従業員のみなさまのお力です」

「ありがとうございます。しかし、まだまだたくさんの壁があります」

「今の片山鋳造なら、絶対に乗り越えられます」

石崎と出会ったのは十年前。片山がまだ医療機器メーカーに勤務していた頃だった。泥沼化する可能性があった米国企業との特許係争を収拾してくれたのが、石崎が日本法人の代表を務めるスタンスフィールド国際法律事務所だった。

一年前、片山鋳造の特別精算を視野に入れざるを得なくなった時、片山がまっさきに思い出したのは石崎だった。石崎は現状を精査した上で、レノン・コンサルティングの指導を受けてみることを勧めた。石崎への信頼がなければ、片山は正体不明のコンサルティング会社から指導を受けようとは思わなかっただろう。

「レノン・コンサルティングとの契約も、あと二か月ですね。その後、レノン・コンサルティングからはどのような助言を受けているのですか?」

「今はマーケティング・セクションの創設を提案されています」

「それは……よいことをお伺いしました」

「と、申しますと?」

「実は、クライアントから、マーケティング・セクションでインターンを受け入れてくれる会社を紹介してほしいとの依頼がございまして……。マーケティング・セクション創設の折には、片山鋳造で受け入れていただけませんか?」

「石崎先生からのご相談なら。でも、片山鋳造《うち》でいいんですか?」

「もちろんです。ぜひ、よろしくお願いいたします」

片山が笑顔で大きく頷くと、石崎は安堵の表情を浮かべ、コーヒーを美味しそうに飲んだ。

2

翌日。片山はその日も朝から考え続けていた。

「いかなる場合でも言い訳をしない人を選んでください。負けは負けと認めて、次に勝利をめざして前進できる人材を、社内から発掘してください、か……」

そんな人材が果たしてうちの会社にいるのか？　今までの助言と比べるとずいぶんと漠然としていると片山は感じていた。

レノン・コンサルティングの最初の助言は、売上至上主義にメスを入れることだった。価格競争からの即時撤退が提案され、片山鋳造の強みが活かせる特殊鋳造を当面の戦略分野とし、受注拡大へ注力することが強く推奨された。同時に顧客の絞り込みの提案が行われ、業種別に重点顧客リストが明示された。さらにそれらに対して、何を訴求すべきなのかも具体的に伝えられた。

これには古参の役員たちが猛反発した。もちろん、役員たちはレノン・コンサルティングから指導を受けている事実を知らされていない。毎回、経営会議や営業会議が紛糾する中、片山はほぼ独断で改革を推進した。それ以外にもう道は残されていなかったからだ。結果として製品群は三分の二に絞り込まれた。そんなことをすれば、ますます業績が悪化するに決まっている。そんな古参の役員たちの苛立ちとは裏腹に、キャッシュフローは急速に改善していった。売り上げも改革から六か月目には前年度を越えた。同時に今期の黒字決算が確定した。まさにV字回復だった。

扉を叩く音がする。壁の柱時計を見上げると、約束した時間の三分前だった。「はい」と返事をすると、少し間を置いて、眉間に深い皺を寄せた常務取締役の吉川五郎と、営業マネージャーの岡田祐二が社長室に入ってきた。

「本日は貴重なお時間をいただき、誠に申し訳ございません」

岡田が神妙な面持ちで頭を下げる。

「では、テーブルのほうで伺いましょうか?」

社長室には重厚な机、本革の応接セット、六人掛けのオーク無垢材の会議用テーブルが置かれている。どれも先々代から使い込まれている年代物だ。

吉川は岡田に入口側の席に座るように顎で指示すると、自分は片山の右隣の席に座った。いつもは威圧的な態度を取る吉川だったが、今日はその勢いがない。

岡田からの報告内容は、レノン・コンサルティングからの定期レポートを通してすでに知っていた。レノン・コンサルティングは、カンパニー・ビュワーにより、社内のすべての情報を掌握している。

片山は社長就任以来、役員たちから常に反発を受けていた。特に敵対的な態度を露わにしていたのが吉川だった。片山が改革をスタートした直後に、吉川が立ち上げたのが、営業マネージャーの岡田をリーダーとする特販チームだった。

特販チームは結成時からすでに迷走していた。吉川が秘策として打ち出したのは、闇雲な飛び込み営業だった。ハードな営業スタイルで片山鋳造を急成長させてきた吉川らしいやり方だった。この方法で会社を大きくしてきた、という自負もあったのだと思う。だが、それはもう何十年も前の成功体験だ。その当時とはあらゆる状況が変わっている。同じ方法はもはや通用しなかった。

片山の改革が成果を上げる一方で、特販チームは成果らしい成果を出すことができないまま、今日を迎えた。チームリーダーは岡田だったが、特販チームを陣頭指揮していたのは吉川である。しかし、今、その責任を問われようとしているのは、岡田だった。岡田が座らされている位置は裁判所ならまさに被告人席だ。

岡田は静かに立ち上がり、深く頭を下げた。

「結果が出せず、大変申し訳ございませんでした。すべての責任はリーダーである僕にあります」

岡田は下げた頭を持ち上げ、まっすぐに片山を見た。澄んだ目をしていた。責任を押し付けられた苛立ちや悲しみは、その表情から一切感じられなかった。

「特販チームの、これまでの活動と、活動結果に関してご報告いたします」

岡田からの詳細な報告が続いた。片山は報告を聞きながら、特販チームの活動は、まったくの無駄ではなかったように感じ始めていた。事実、岡田も活動を通して、今後に生かせる、たくさんの気づきがあったと報告した。そして、今後の営業活動に関する前向きな提案もなされた。一方、吉川は不満を露わにした表情で、岡田を睨み続けていた。すべての報告が終わり、岡田は再び立ち上がった。

「ご期待を裏切る結果となり、誠に申し訳ございませんでした。全責任は私にございます。以上で報告を終わらせていただきます」

言い訳をせず、負けを負けだと認めるとは、こういうことなのか？　片山はレノン・コンサルティングが求めていた人材は岡田なのだと確信した。

特販チームの報告が終わり、片山は岡田にだけ残るように言った。吉川は、憮然とした表情で、結局、発言らしい発言もなく社長室を去った。

「岡田くん。特販チームは、この報告をもって解散とします。今日まで懸命に活動してくれて本当にありがとう。感謝しています。特販チームのメンバーにもそう伝えてください。みなさんの努力は、何らかの形で必ず活かしていきます。そして、岡田くんには、新たにやっていただきたいことがあります」

「はい」岡田は緊張した顔でこたえた。

「――あなたをマーケティング室の室長に任命します」

岡田にはその言葉の意味が、うまく理解できなかったようだった。

「すいません、社長。もう一度、お伺いしていいですか？」

片山は笑いがこみ上げてきた。岡田の右手を無理やり掴んで、その手を何度も上下に動かした。戸惑う岡田をよそに、何かが始まる予感に心が躍った。

3

マーケティング室の室長に就任して二週間が経った。

突然立ち上がらなくなったノートパソコンを総務部に返却し、岡田は代替機を受け取ったその足で本社管理棟の第一会議室へと急いだ。本社管理棟は、昭和初期の小学校のようにも見える、老朽化した木造平屋建てだ。

会議室の扉をノックする。古びた木製の扉だ。中から返事は聞こえてこない。もう一度、小さくコンコンと叩いてから、そっと扉を開いてみた。

広い会議室の奥に、ダークブルーのビジネス・スーツを着て、長い髪を後ろで一本に束ねた、小柄な女性が座っている。膝の上に、ビジネス・スーツには少し似つかわしくない麻の白い大きなショルダーバッグを大事そうに抱えていた。扉が開いたことには、まだ気づいていないようだ。

「こんにちは」と声をかけてみた。彼女はビクンと体を反応させた。あわてて立ち上がると、ショルダーバッグを抱えたまま、正面に向かいペコンと頭を下げた。自分が挨拶したのが壁だと気づいたのか、今度は体を岡田に向け、頭を下げ直した。

「はじめまして。マーケティング室の岡田です」

「は、はじめまして。小橋遥です」

彼女の名前は小橋遥。二十一歳。片山鋳造が新たな取り組みとしてスタートしたインターンシップ制度にさっそく応募してきたのだ。彼女はマーケティングを学んでいるらしく、本人の希望もあり、マーケティング室で二か月間受け入れることになった。

「改めまして、マーケティング室の室長、岡田です。よろしくお願いします」

遥は名刺を大切そうに両手で受け取ると、深呼吸をして、自分の胸のあたりを小さくポンポンポンと叩いてから早口で喋り始めた。

「小橋遥です。マーケティングを学んでおります。机上でしか知らないマーケティング理論が、現場でどのように活かされているのを知りたくて、インターンシップに応募いたしました。ご迷惑をおかけすることがあるかもしれませんが、ご指導のほど、よろしくお願いいたします」

「あの、ちょっとガッカリさせてしまうかもしれませんが、実はマーケティング室は二週間前に創設されたばかりで、マーケティングのことが分かる人はいません。まだみんなでマーケティングの勉強会をしているような状況で……。小橋さんの勉強にはあまりならないかもしれません」

遥は大きくかぶりを振る。

「なので、小橋さんが学ばれているマーケティング理論も、僕らの勉強会で共有してくれるとうれしいです」

「私が学んできたことなんかでよければ、喜んで！」

遥は目を輝かせながら、大きな声でこたえた。

4

遥はショルダーバッグを肩から斜めにかけ、岡田を追いかけるようにして歩く。歩くたびにバッグが大きく左右に揺れる。

マーケティング室は、本社管理棟の中にある。二十年前に第二工場と新管理棟が完成し、製造部門、設計部門、営業部門が移転してから、本社管理棟には社長室と管理部門と、いくつかの会議室があるのみで、それ以外はすべて空部屋となり、物品倉庫と化していた。

マーケティング室に与えられた部屋は、北東側の隅にあり、二週間前までは不用品置場として使われていた。もともとは会議室だったらしく、壁面には大きな黒板も備え付けられている。部屋の片隅にはまだ、不用品が詰め込まれた段ボールが積んである。この段ボールの中のひとつには、片山鋳造が法人化した五十年前に作られた、『片山鋳造株式会社』の刺繍が入ったえんじ色の作業服が、新品のまま大切に保管されていた。片山鋳造が躍進を始めたまさにその頃に、誰もがプライドを持って着ていた伝説の作業着だ。捨ててしまうには忍びなかったのだろう。他の段ボール箱の中には、生産が中止された部品の木型や、紙で管理されていた時代の図面なども保管されていた。

マーケティング室の扉を開けると、佐野源次郎、鮎川かおる、奥山和希の三人が笑顔で立っていた。ここに岡田を加えた四人がマーケティング室の全メンバーだ。

遥はこわばった顔で部屋に入った。

「みなさん、インターンの小橋遥さんです。これから二か月間、我らマーケティング室の五人目の仲間です！」

四人が大きな拍手を贈る。遥は目を丸くしながら頭を下げた。

「ここが小橋さんの席です！」鮎川が手を広げる。

遥は鮎川に小さく会釈をした後、目を輝かせて自分の席に近づくと、うれしそうに椅子の上にショルダーバッグを置いた。

「じゃあさっそくだけど、源さんから自己紹介をお願いします。好きで好きでしょうがないことも教えてください！」

「佐野源次郎です。みんなからは源さんと呼ばれています。あと、好きで好きでしょうがないことは、孫のしーちゃんと遊ぶことです。しーちゃんは、いつも、『じーじだいすき』と言ってくれます。そんなこと言ってくれるのは、今やしーちゃんだけです。こんな老人ですが仲よくしてやってください」

メンバーは笑いながら拍手をした。遥も緊張した顔のまま拍手をした。好きで好きでしょうがないことを聞けば、その人の、人となりを知ることができる。

「源さんは腕利きの鋳造職人で、創業期から片山鋳造のモノづくりを支えてくれたレジェンドです。定年退職後も、嘱託で若い職人たちにその技術を伝承してくれています」

源次郎は七十五歳。いつも笑顔を絶やさない源次郎だが、現役時代は、とても厳しい職人だったらしく、役員たちは今も源次郎のことを畏れている。

「奥山和希です。好きで好きでしょうがないことはゲームです。貯金も、冬のボーナスも、全部ゲーミングパソコンに消えました。ゲームの中ではウィザードと呼ばれて尊敬されていますが、営業部ではお荷物くんと呼ばれていました。よろしくお願いします」

「奥山くんは機械メーカーを担当する、第二営業部の最若手の腕利き営業マンでした。お荷物なんてとんでもない。奥山くんの強みは何と言ってもゲームで培ったその戦闘力。どんなに難しい営業先でも、果敢に攻略します」

メンバーが拍手すると奥山はおどけて拳を突き上げた。メンバーの笑い声につられて、遥も笑った。二十六歳。最年少の奥山はマーケティング室のムードメーカーだ。

「鮎川かおるです。私が好きで好きでしょうがないことは写真を撮ることです。人物も、自然も、動物も、乗り物も、何でも撮ります。これからどうぞよろしくお願いします」

鮎川は優しい笑顔で、遥に向かって丁寧にお辞儀をした。遥も同じようにお辞儀を返す。

「鮎川さんは片山鋳造の最盛期を支えてくれた伝説のＣＡＤオペレーターです」

鮎川は四十二歳。男社会の片山鋳造の中で、いつも凛としていて優しさを感じさせる女性である。

「では最後に僕。改めまして岡田祐二です。以前は自動車メーカーを担当する第一営業部に所属していました。好きで好きでしょうがないことは、フットサルやソロキャンプと、今まではたくさんありましたが……今は何と言ってもマーケティングです。そして、マーケティング室のメンバーのことが本当に好きで好きでしかたありません！」

「何それ！　うまいなー！」

奥山が岡田を指差し、みんなが笑った。遥も楽しそうに笑っていた。

四週間前に発表されたマーケティング室創設の社内通達は、多くの社員たちを驚かせた。特に社内をざわつかせたのは、二十九歳の岡田の部門長への抜擢だった。創業以来、頑なに年功序列の人事を重んじてきた片山鋳造では、岡田のような若手が部門長に選ばれたことは一度もなかった。

室長の人事が発表された後に、続けてマーケティング室メンバーの社内公募が行われた。片山に対する反発や、マーケティング室の創設、抜擢人事の経緯に対しての疑問や批判の声がくすぶる中、応募してくれる人はなかなか現れなかった。結局、公募が締め切られる日に自ら手を挙げてくれたのが、この三人のメンバーだった。

多くの人は、特販チームの失敗は岡田の責任だと信じていた。岡田が一切言い訳をしない一方で、吉川が岡田の不満をあちこちで漏らしていたせいもある。

源次郎はたしかに腕利きの職人だ。その技術、知識、勘は今も健在だ。しかし、コンピュータで制御する現在の製造方法では、その出番はない。古典的な鋳造技術を知り尽くす源次郎の指導を、若手の職人たちは楽しみにしていた。一方で、鋳造のさらなる効率化をめざしていた製造部の管理職者たちは、源次郎の指導を必ずしも快くは思っていなかった。

奥山は二年前に自ら開拓した、大型受注でミスを犯した。結果として会社に大きな損害を与えてしまった。同時期に主要取引先の経営破綻が重なり、まるでそれも奥山のせいのような言われ方をした。第二営業部でお荷物と呼ばれていたことがあるのは事実らしい。

もの静かで優しい鮎川だが、正義感が強く、誰に対しても間違っていることは間違っていると物申してきた。そんな鮎川はやがて煙たがられ、数年前からは、設計の仕事から外され、過去の膨大な設計図や木型の管理を行う、業務管理の仕事に回されていた。

マーケティング室に集まったメンバーは、それぞれが何かを抱えていた。だが、それは仕事と真剣に向かい合ってきたがゆえだ。そんなメンバーを岡田は心から尊敬していた。

「では、小橋さんの好きで好きでしょうがないことも教えてください！」

奥山が言った。

遥は小さく頷き、また自分の胸のあたりを小さくポンポンポンと叩いてから、早口で話し始めた。

「私の好きで好きでしょうがないことは、アリの観察です。アリは集団でコロニーを作り、役割分担をして暮らす社会性生物です。アリの社会には、解明されていない、たくさんの不思議がありますす。私はそんなアリたちが、好きで好きでしかたありません」遥が続ける。

「私は今まで、マーケティングについて勉強をしてきました。でも、それがビジネスの現場で、実際にどのように活かされているのかを知りません。それが知りたくて、勇気を出してこの世界にやってまいりました。ご迷惑をおかけすることがあるかもしれませんが、一生懸命に頑張りますので、どうぞよろしくお願いします！」

みんなが拍手をした。

「いやいや小橋さん、『この世界にやってきました』って、あなた天使ですか？」

奥山が笑う。

「たしかに小橋さんは、どこか別の世界からいらっしゃったような、少し神秘的な佇まいですよね」

鮎川が言う。そんなことを真顔で言う鮎川もおかしくて、みんなが笑った。

遥は恥ずかしそうに頬を染めながら、笑顔で首を大きく振って否定した。

「こばし、って言うと、どうも、うちの古狸が思い浮かんで、いけねえなあ」

古狸とは総務部長の古橋のことだ。古橋はタヌキの置物によく似ている。

「俺らは、遥さんって呼ばせてもらうのはどうだろう？」

源次郎がみんなに提案した。

「はい！　ぜひ！」遥はこたえた。

メンバーが拍手して、遥はうれしそうにお辞儀をする。

「ということで！　これから恒例の勉強会の時間となりますが、今日はみんなでちょっとしたゲームをやりませんか？」

奥山が何かを企んでいる。

「ゲーム？」鮎川が聞く。

「僕らもこの二週間、マーケティングをたくさん勉強してきました。そして、今日から遥さんがメンバーに加わってくれることになりました。そこで、お互いの勉強の成果を確かめ合うために、マーケティング質問バトルゲームを行いたいと思います！　例えば、僕が『マーケティングの4Pって何だ？』というような感じで質問するので、それに答えてください。答えられなかったら次の人が答える、勝ち抜き戦で進めます。では、さっそく遥さんから行こうかなー、覚悟はいいですかー？」

遥は少し間を置いてから、明るい声で返事をした。

「はい。何でも質問してください！」

奥山がファイティングポーズを取ると、遥も少し遠慮がちに、奥山のマネをして、小さなファイティングポーズを取った。

5

二十分が経過した。

奥山と遥の質問バトルはまだ続いていた。奥山の質問のすべてに、遥が完全な回答を返し続けたからだ。奥山は用意してきた質問を出し尽くし、抽象的な質問を遥にぶつけ始める。

「じゃあさ、じゃあさ、マーケティングで最も重要なことって何？」

奥山は挑発的な口調で質問する。

「誰に何を売るのかを決めることです。これ以上に重要なことはありません」

遥はきっぱりと言い切る。奥山はひるむ。遥の目の輝きは二十分前と、まったく異なっている。

遥は黒板に歩み寄り、そこに置いてあったチョークを握ると、黒板に手早く三角形を書いた。それを三層に分けると、上から順に「戦略」「作戦」「戦術」と書き、戦略の文字の下に『誰に何を売るのか？』と書き加えてから、勢いよく下線を引いた。

「誰に何を売るのかは大戦略と呼ばれるもので、マーケティングにおける最上位の概念です」遥は言い切る。

奥山はおそらく、もっと和やかな雰囲気でこの質問バトルゲームが進行すると思っていたはずだ。インターンとしてやってきた遥が、みんなと早く仲よくなれるように考えてきてくれたのだろう。だが、実際はそんな奥山の思いとは、かけ離れた展開となった。

遥は「4P」のような古典的なマーケティング用語はもちろん、最新のマーケティング理論やトレンドまで、完全に、そして、深く理解していた。それだけでなく、その理論の本質を、淀みなく説明することができた。何よりも遥の語るマーケティング理論は圧倒的に分かりやすかった。

「なんか……」

奥山は口を開いたまま言葉を続けられない。

「……すごい」鮎川が言葉を続けた。

「つまり、何をするにしても『誰に何を売るのか？』をきちんと決めることが一番大切だってことだよな。そりゃあたしかにちがいねえな」

源次郎は腕を組みながら、遥が黒板に書いた三角形の図を見て言った。源次郎の言葉に反応して、遥はさらにヒートアップする。

「誰に何を売るのかというマーケティングの最重要課題には、実は完全な答えがあります。それは、『困っている人に、問題解決手段を売る』という答えです。何も困ってもいない人に、何だかよく分からない商品やサービスを売るくらい大変なことはありません！」

「なるほど。それもそうですね」岡田は大きく頷いた。

遥は、戦略から戦術に向けて太い矢印を書き込み、今度は戦術の部分を大きく囲んだ。さらに喋るスピードが速くなっていく。

「一方、戦術とは戦略で決めたことを、お客さまに伝えること。目的は認知の拡大です。例えば、広告宣伝を行うこと。ここで重要なのは、戦略は戦術よりも上位の概念なので、戦略が失敗すれば、戦術では補えないということです。戦術にはコストがかかります。誰に何を売るのかが明確ではないまま、どんなにお金をかけて広告を出しても、どんなに立派なウェブサイトを制作しても、成果は出せません。マーケティングの実質的なリスクは、つまり、金銭的なリスク、時間的なリスクは、ほぼ戦術に集約されているのです。だから、私たちが忘れてはいけないことは――」

遥はそこで一呼吸置いた。全員が息を止めた。

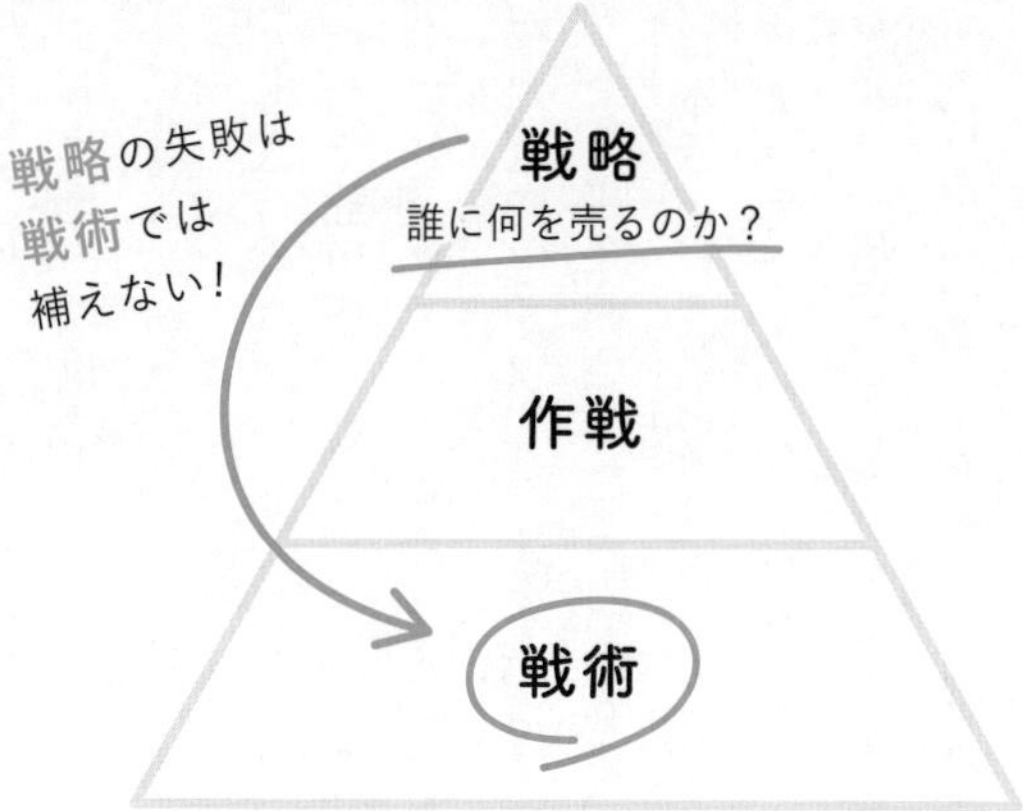

「戦略なき戦術は、破滅を招くということです！」

遥は手の平で黒板の戦略の部分をバンと大きな音を立てて叩いた。チョークの粉が舞い上がった。

「おー！」

源次郎も、奥山も、鮎川も同時に感嘆の声を上げた。

「遥さん、参りました。降参です！」

奥山は言った。そこで午前十時のチャイムが鳴った。まるで試合終了のゴングのように。片山鋳造の本社管理棟では一日に何度か小学校のようなチャイムが鳴る。その音を聞いて遥ははっと我に返る。手に持っていたチョークを床に落とすと、両手で自分の頭を抱えてから、すぐに奥山の前に歩み寄り、九十度に頭を下げる。

「なんか……大変……申し訳、ございませんでした！」

下げた遥の頭はチョークの粉だらけだった。

「いや、いや、いや、こちらこそ！　遥さんすごい！　遥さん最高！」奥山が言う。

「遥さんがきてくれて、マーケティング室にも、ようやく一筋の光が見えてきましたね」鮎川がうれしそうに言う。

マーケティング室が創設されてから、まず各自がマーケティングの書籍を読んで、学んだことをメンバーと共有する勉強会を始めた。読んだ書籍は、難解な専門書から、漫画で書かれた入門書まで。だが、本を読めば読むほど、勉強会を重ねれば重ねるほど、メンバーはマーケティングのことがよく分からなくなっていった。

マーケティングは覚えなくてはならない言葉や理論があまりにも多く、複雑で、難解で、結局、何をすることなのかがさっぱり理解できなくなっていた。

「遥さんのマーケティング理論はどうして、そんなに分かりやすいんですか？」奥山が聞く。

「はじめにマーケティングピラミッドを教えてもらったからだと思います」

「マーケティングピラミッド？　何ですかそれ！　ぜひ僕らにも教えてくださ

い！　あの、今度はもう少し優しく……」奥山がおどけて言う。

遥は恥ずかしそうな顔をしながら「はい」と頷いた。

遥は一度、目を閉じて深呼吸する。頭の中に、祖父から学んだマーケティング理論の講義がよみがえってくる。胸のあたりを小さくポンポンポンと叩いてから、今度はゆっくりと語り始めた。

「ビジネスパーソンの中には、マーケティングを複雑で、難解で、覚えることが多すぎると思い込み、理解することをあきらめてしまう人がいます」

全員がウンウンと何度も頷く。

設計図が足りない！

さあハルカ、講義を始めよう。

最初の講義は、マーケティングの設計図「マーケティングピラミッド」についてだ。

ビジネスパーソンの多くは、マーケティングを正しく理解できていない。学べば学ぶほど、マーケティングは複雑で、難解で、覚えることが多すぎると感じて挫折してしまう。

なぜか？

マーケティングには、たくさんの理論がある。幾人もの偉大な先人たちが、数多くの理論を提唱してきた。現代にあっても、新たなノウハウが誕生しては消えている。これらを無秩序に学んでしまうことで、人々はマーケティングを複雑で、難解で、覚えることが多すぎると誤認してしまう。

これは設計図を見ずに、何かを組み立てようとすることに似ている。

いかに偉大な先人が残したマーケティング理論であったとしても、それはマーケティング全体から見れば、ひとつのパーツに過ぎない。マーケティングは、いくつものパーツでできているのだ。

では、どうすればマーケティングを理解できるようになるのか？

答えは簡単だ。

マーケティングの設計図を携えることだ。**設計図さえあれば、マーケティングを正しく理解し、骨太なマーケティングプランを組み立てることができるようになる。**

さて、設計図について学ぶ前に、まず、私たちはその設計図を用いて、何を完成させようとしているのかを知らなくてはならない。完成像がイメージできなければ、いかなるものも、うまく組み立てることはできない。

私たちが作ろうとしているもの、それは「顧客から選ばれ続ける仕組み」である。これこそがビジネスにおけるマーケティングの完成像だ。

覚えておいてほしいのは、選ばれることではなく、「選ばれ続けること」がめざすべきゴールだということだ。さらに言えば、その仕組みを作るこ

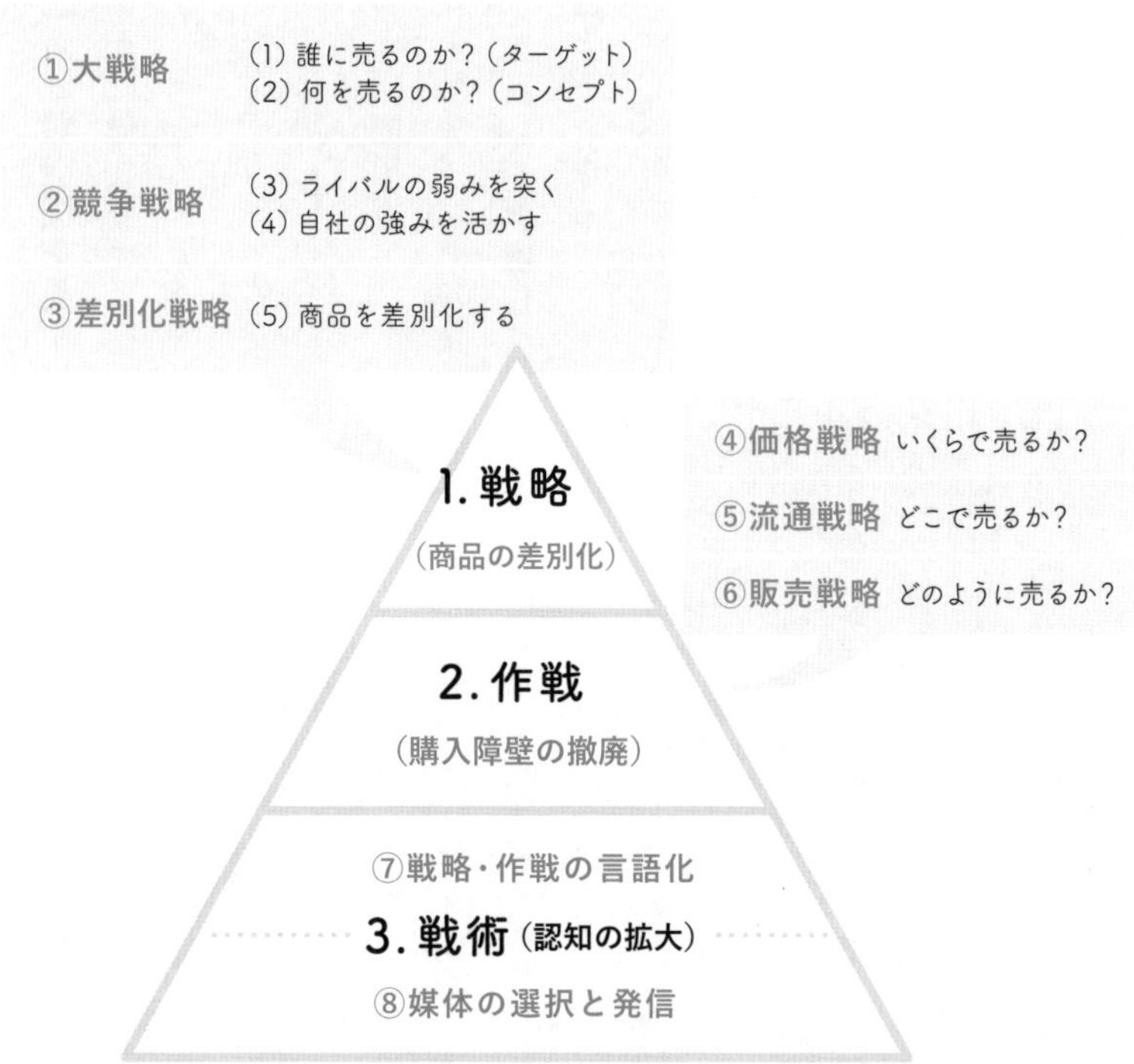
①大戦略
(1) 誰に売るのか？（ターゲット）
(2) 何を売るのか？（コンセプト）
②競争戦略
(3) ライバルの弱みを突く
(4) 自社の強みを活かす
③差別化戦略 (5) 商品を差別化する
④価格戦略 いくらで売るか？
⑤流通戦略 どこで売るか？
⑥販売戦略 どのように売るか？
1. 戦略
（商品の差別化）
2. 作戦
（購入障壁の撤廃）
⑦戦略・作戦の言語化
3. 戦術（認知の拡大）
⑧媒体の選択と発信

とが真のゴールだということだ。

マーケティングとは「顧客から選ばれ続ける仕組みを作ること」。このように定義して覚えておくと実践で役に立つ。

さて本題に入ろう。

マーケティングの設計図はピラミッドの形をしている。これがマーケティングピラミッドだ。

ピラミッドはその頂点から

1．戦略
2．作戦
3．戦術

の順に多層化されている。それぞれのモジュールには明確な目的がある。

1．戦略

戦略を考える目的は**「商品の差別化ポイントを作る」**ことである。差別化することで顧客は確信を持って商品が選べるようになる。

2．作戦

作戦を立てる目的は**「顧客の購入障壁を撤廃する」**ことである。そうすることで、顧客は購買へのスタートラインに立てる。

3．戦術

戦術を動かす目的は**「認知の拡大」**である。そもそも顧客に商品の存在を知ってもらわなければ何も始まらない。

こうして考えると、戦略・作戦・戦術のいずれもが、顧客から選ばれ続ける仕組みを完成させるためには必要不可欠な要素だということが分かるはずだ。

マーケティングピラミッドの各要素を簡単に説明しておこう。

最上位に位置するのは戦略である。ここがマーケティングの心臓部だ。戦略は、その中でさらに3つの階層構造になっている。上位から順に

① **大戦略**
② **競争戦略**
③ **差別化戦略**

である。

マーケティングピラミッドの、上位に位置する要素ほど、上位の概念である。つまり、大戦略が最上位の概念だということになる。

① **大戦略**

（1）ターゲット（誰に）
（2）コンセプト（何を売るのか？）

大戦略はターゲットとコンセプトを決めることだ。言い換えると「誰に

何を売るのか?」を決めることと理解すればいい。誰に何を売るのか?について、マーケティングでは完璧な答えがある。それは「困っている人に問題解決手段を売る」という答えだ。何も困ってもいない人に、何だかよく分からない商品やサービスを売るくらい大変なことはない。

② 競争戦略

(3) ライバルの弱みを突く
(4) 自社の強みを活かす

競争戦略は簡単に言えば、ライバルの弱みを突き、自社の強みを活かすことに尽きる。ライバルとの差が明確でなければ、顧客は購入すべき商品を、確信を持って選べなくなる。

③ 差別化戦略

(5) 商品を差別化する

差別化戦略は商品そのものの差別化を試みることである。差別化は難しいと感じるかもしれないが、今ある商品の機能や性能、特徴や利点を捨てて、正反対に置き換えれば、実は容易に発想できる。

次の階層は作戦である。作戦の中には、3つのファクターが並列に並んでいる。

④価格戦略
⑤流通戦略
⑥販売戦略

簡単に言えば「いくらで売るか」「どこで売るか?」「どのようなプロセスで売るか?」ということだ。

この問いにも答えがある。それは、「顧客が買いやすい価格を設定して」「顧客が買いやすい場所で」「顧客が買いやすいプロセスで販売する」という鉄壁の答えだ。

そう、作戦の目的は、顧客の購入障壁の撤廃である。

最後の戦術はピラミッドの最下層にある。その目的は認知の拡大である。戦術の実行手順は次の2ステップだ。

⑦戦略と作戦で決めたことの言語化
⑧媒体の選択と発信

ちなみに、媒体は以下のようなものが考えられる。ホームページ、ランディングページ、オウンドメディア、メールマガジン、ダイレクトメール、雑誌広告、インターネット広告、カタログ、チラシ、ソーシャルネットワーキングサービス、看板、パブリックリレーションズなどだ。営業活動や代理店政策なども、人を媒介した認知の拡大策だと考えれば、媒体にカテゴライズできる。

戦術を実行する上で忘れてはいけないのは、「戦略の失敗は戦術では補えない」という原理原則である。戦術を動かす前に、戦略と作戦を明確化しなくてはならないということだ。

マーケティング戦略が正しくないと、営業活動はもちろん、ホームページやチラシなどの戦術面をいくら強化しても成果は出せない。また、マーケティングの実質的なリスクは、ほぼ戦術に集中する。つまり、**戦略なき戦術は破滅を招く**ということだ。これは声を大にして伝えたい。

以上がマーケティングの設計図、マーケティングピラミッドの全体像だ。この中に含まれていない、マーケティングリサーチなどは、全体に関係している理論だと理解すればいい。例えば、ライバルの弱点を発見するためのリサーチもあれば、市場価格を調べるためのリサーチもある。広告効果を測定するリサーチも重要だ。それぞれが戦略、作戦、戦術を確定させるためのリサーチだったと気づくだろう。

これからマーケティングを学ぶ時は、まずマーケティングピラミッドのどの部分について論じられた理論なのかを確認しなさい。そうすれば理解は数倍速く、そして、数段深くなるだろう。

6

遥は黒板にマーケティングの設計図であるマーケティングピラミッドを書き、すべてのモジュールとファクターを書き入れた。

「僕らが学んだことも、実はこのマーケティングピラミッドの中に含まれるということなんですよね」岡田が遥に尋ねる。

「はい。例えば市場からの反応を獲得するために組み合わせるべき四つのP、4Pのプロダクトは1．戦略の中の③差別化戦略。プライスは2．作戦の中の④価格戦略。プレイスは同じく2．作戦の中の⑤流通戦略。プロモーションも2．作戦の中の⑥販売戦略と、3．戦術に分類することができます」遥がこたえる。

「3Cは？」鮎川が聞く。

「3Cはマーケティングの登場人物を示します。この三つのCはいずれも戦略の中に含まれます。カスタマーは①大戦略、コンペティターは②競争戦略、カンパニーも同じく②競争戦略に含まれます」

遥は黒板に次々に古典のマーケティング理論との相関を書き込んでいく。

「遥さんに整理してもらうと、俺らが学んできたことが、どんどんと腑に落ちてくな」源次郎は黒板を前に感動の面持ちだ。

「セグメンテーション、ターゲティング、ポジショニングの頭文字である、ＳＴＰは、市場を細分化して、そのどの市場をターゲットにするかを決め、自分たちの立ち位置を顧客に対して明確にするためのフレームワークです」遥がこたえる。

「あ！　もしかしてＳＴＰは大戦略、つまり、誰に何を売るのか？　を決定する手順ではないですか？」

奥山が黒板に近づきピラミッドの①大戦略を指差しながら、遥のほうを振り返る。

「はい。私も奥山さんと同じ意見です。ＳＴＰは実践でも極めて有効なフレームだと言われています」

奥山は遥に同じ意見だと言われたのがよほどうれしかったのか、ウルウルとした目で遥を見ている。遥は続ける。

「４Ｐ、３Ｃ、ＳＴＰなどの基礎理論は、決して初心者向きの理論などではありません。プロのマーケターでも、常にそこに回帰するマーケティングの核となる重要理論です」

「僕たちマーケティング室の使命は、片山鋳造のマーケティングピラミッドを完成させ、お客さまから選ばれ続ける仕組みを作ることだったんですね」

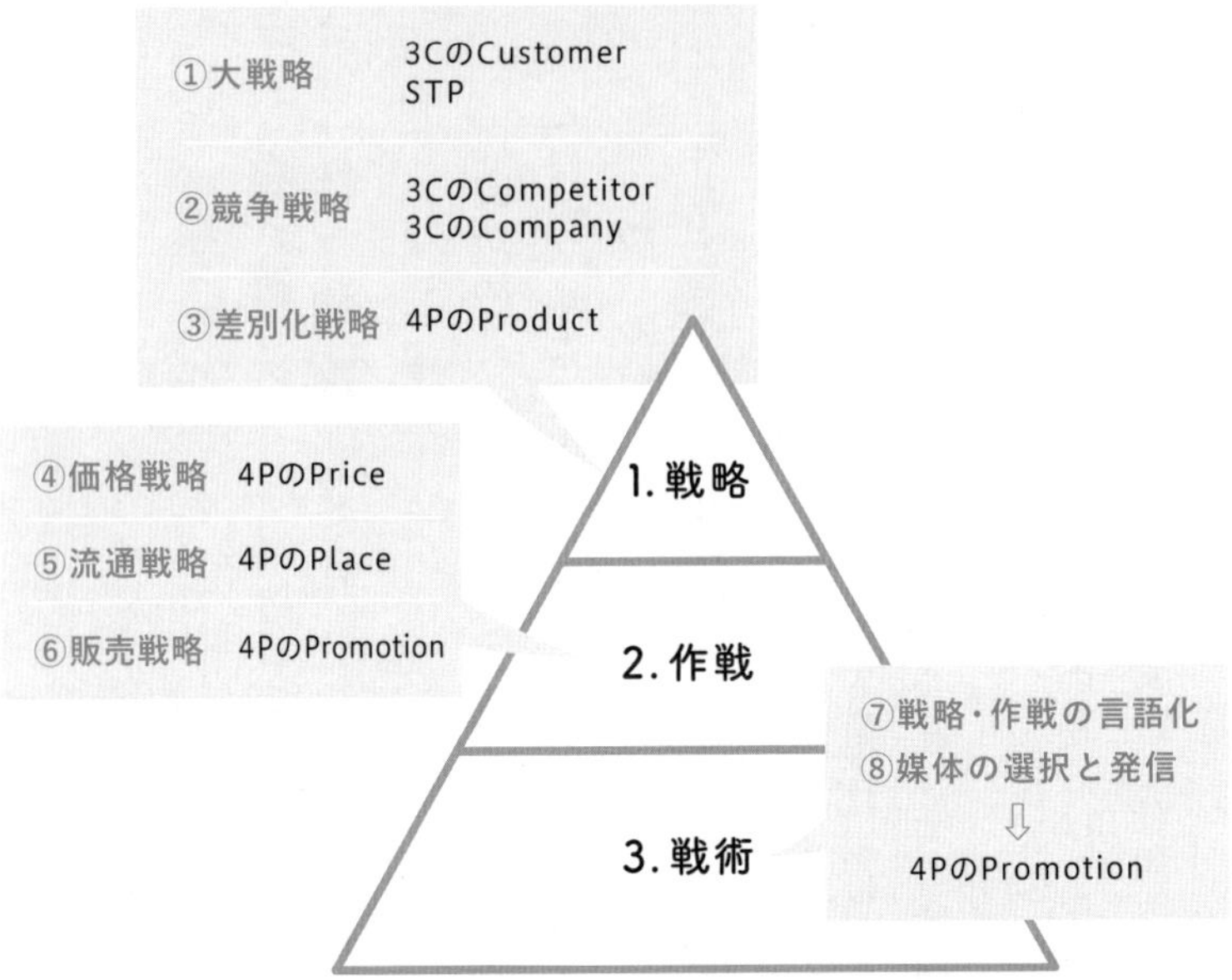

岡田は誰にともなく言うと、遥は大きく頷いた。

「いやー！　本当に光が見えてきましたー！」

奥山が叫ぶと、源次郎と鮎川もうれしそうに頷いた。

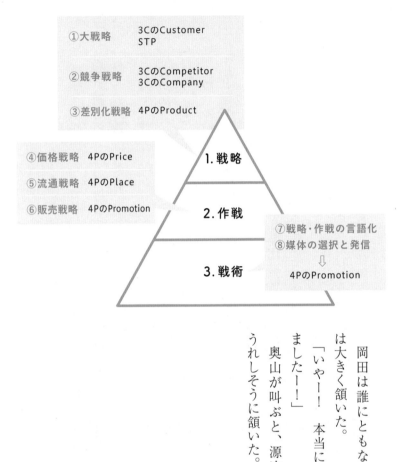

2章

顧客視点と販売プロセス

1

遥の歓迎会は、源次郎の古くからの知り合いがオーナーシェフを務める、イタリアンレストラン、オステリア・ダ・カミキで行われた。

奥山は質問バトルの時の、自分の狼狽ようを、面白おかしく再演した。

遥は頬を赤らめ「本当に申し訳ありませんでした。でもすごく楽しかったです」と言って笑った。奥山がファイティングポーズを取ると、遥も照れながら小さくファイティングポーズを取った。それを見てみんなが笑った。

次々に運ばれてくるイタリアンはどれも絶品だった。

食事中もメンバーは遥にマーケティングに関する、さまざまな質問をした。遥はすべての質問に、平易な言葉で、しかも的確に答えた。

メンバーのテーブルには「めちゃくちゃ美味しい！」の声と、「めちゃくちゃ面白い！」の声が交互に飛び交った。結局、その日、オステリア・ダ・カミキには他の来店客はなく、マーケティング室のメンバーの貸切状態となった。

最後のドルチェとコーヒーが運ばれてからしばらくすると、オステリア・ダ・カミキのオーナーシェフ、神木建造がテーブルに挨拶にきた。

「本日はお越しいただき、ありがとうございました。お楽しみいただけましたか？」

「全部、すごく美味しかったです！」鮎川が言う。

「シェフと源さんはお知り合いなんですよね」奥山が聞く。

「源さんとはかれこれ四十年来のお付き合いです。実はみなさんに召し上がっていただいた料理は、すべて源さんが鋳造してくれたこの特製のフライパンで作ったんですよ」神木は少し特殊な形状をしたフライパンを手にしていた。

「え、片山鋳造ってフライパンも売っているんですか？」奥山が驚く。

「いや、いや。オステリア・ダ・カミキにだけな」源次郎は笑いながらこたえる。

「もうこのフライパンがなくては、うちの店の味は出せません」

神木は厨房に向かって声をかける。コック服を着た若い男性がやってくる。

「源さん、息子の浩史です。今まで外で修業していたんですが、先月からこの店を手伝ってくれています」

「父がいつもお世話になっています」

浩史が笑顔で頭を下げる。

「それはなによりだ」源次郎が言うと、神木はうれしそうに頷く。

2

「遥さん、片山鋳造にようこそ！　我らマーケティング室にようこそ！　またみんなでマーケティングナイト、やりましょう！」

今日の幹事を務めてくれた奥山が歓迎会を締めた。店を出ると、地下鉄の駅に向かう源次郎、奥山、鮎川と、ＪＲの駅に向かう岡田、遥との二手に分かれた。

橋を渡るとすぐに駅前広場が見えてくる。この場所は観光地から近いせいもあり、午後九時近くになっても、まだたくさんの人たちが行き交っている。

駅前広場から改札に向かって歩いていると、前方から人混みをかき分けて、長い髪を後ろで束ねた男が近づいてきた。

「岡田先輩！　お疲れさまです！」

ミネラルウォーターを手にした山崎凌が目の前に立っていた。

「おー！　凌！」

岡田と凌はうれしそうに笑い合った。二人が会うのは三か月ぶりだった。

凌は四年前まで片山鋳造の鋳造職人として働いていた。源次郎の現役時代の最後の弟子だ。退職してからはバンクスというロックバンドで、ボーカリストとして活動している。バンクスのすべての楽曲の作詞・作曲も凌が手がけている。

凌が十八歳で片山鋳造に入社した時、年齢の近い先輩社員を相談役として付ける、ブラザーシスター制度が導入された。その時、凌を担当したのが岡田だった。その後も二人の交流は続き、やがて本音で話し合える、友人のような関係になった。

凌は入社してから三年目に、音楽活動に本気で挑戦したいと、その想いを話してくれた。しばらくして凌は、希望を胸に片山鋳造を退職した。だが、バンクスの活動は思ったようにはうまく進まなかった。退職して四年。ほとんど前進できないいま、凌は二十五歳になっていた。

「先輩、これから路上ライブ、最終ステージなんで、よかったら久しぶりに聞いていってください」

二年前にこの街では、路上ライブやパフォーマンスを、事前の審査に通過した個人や団体に許可するアーティスト支援制度ができた。バンクスはその審査に通過した。事前の届けを出せば、駅前広場で一ステージ十五分以内、午後九時三十分までを条件に、一日最大三ステージの路上ライブが行える。

凌は遥に気づき、小さく会釈をする。

「彼女は片山鋳造のインターンシップに参加してくれている遥さん」

岡田が紹介すると、遥は凌に会釈を返す。

「はじめまして。遥さんもお時間があればぜひ、聴いていってください！」

凌の言葉に、遥は窺うような表情で岡田を見た。

「遥さんがよければぜひ。彼らの音楽、すごくいいですよ」

「はい！　ぜひ聴かせてください！」

遥はうれしそうな顔で、凌と岡田を交互に見ながらこたえた。

3

凌は観客側に背を向けたまま、ギターのストラップを肩にかけた。十人ほどの人が足を止めてバンクスを遠巻きに見ている。

ドラムスのタクヤ、ベースのユウキ、ギターのシュンは、同じようなポーズで俯いてスタンバイしている。観客に背中を向けたまま、右手をゆっくりと頭上に持ち上げ、その手を弦に向かって振り下ろす。同時にギターのネックをつかんだまま左手を夜空に突き上げた。凌のギターが鳴る。タクヤがハイハットでリズムを刻み始めるのと同時に、凌は振り向き、ギターを奏でながら歌い始める。透明感のある、澄んだ独特の声だ。一瞬、凌の歌とギターがブレイクして、次の瞬間、すべての楽器が演奏に加わる。バスドラムとベースの重低音が体に届く。

バンクスの楽曲はどれも繊細でメロディアスだ。一方で歌詞は挫折と再生をテーマにした、感情を揺さぶられるものだった。焦燥感、羞恥心、孤独感、希望、絶望、そんなことを、誰かに話しかけるような歌詞に乗せて、赤裸々に歌う。

凌が退職する前に、岡田はこの曲を聴かせてもらった。音楽のことは全然分からなかったけれど、これは誰かに届けるべき歌だとその時に思った。

歌はエンディングに入る。すべての演奏が再びブレイクして、凌の奏でるアコースティックギターの音だけが残る。凌は静かに、優しく、最後のフレーズを歌う。シンバルのミュートとバスドラムの音で演奏は終わった。

「ありがとうございます。バンクスです」

凌は三曲を歌い終わると、ギターをスタンドに戻して、二人に駆け寄ってきた。

「何回聞いても、いい曲だよな」岡田が凌に言う。

「最初に演奏したのは、『君に会いに』というタイトルの曲です」凌が遥に説明する。

「まるで自分のことを歌ってくれているようで感動しました」遥が言う。

「えー！　それはマジにうれしい。ありがとうございます。そうだ……ちょっと待っててくださいね！」

凌はメンバーに駆け寄り、何かを受け取り、また駆け足で戻ってきた。

「三曲入りのCDです。『君に会いに』も。よかったら聞いてください！」

「これどうしたの？」

「バンクスの最後の賭けです。メンバーと話し合って、みんなのお金を全部注ぎ込んで、思い切って一万枚をプレスしました。このCDを無料で配りまくって、それでだめなら……」

凌は自らに言い聞かせるように、小さく何度か頷いてから笑顔で続けた。

「バンクスは解散しようと思います」

「えっ？」それ以上に言葉を繋ぐことができなかった。

「じゃあ、俺もちょっと配ってきますね」

バンクスのメンバーは、歩いている人にCDを配っている。興味がなさそうにCDを受け取ったサラリーマンは、歩きながら何度かCDの表裏を確認した後、ゴミ箱に投げ捨てた。プラスチックが割れる不快な音が聞こえてきた。

4

「おはよう。勉強会の会場はここでいいのかな？」

片山がノートを片手にマーケティング室に入ってくる。

「おはようございます。社長も勉強会に参加されるんですか？」奥山が言った。

「源さんから、遥さんの講義がすごく面白かったと聞いて……。僕も参加させてください」マーケティング室のメンバー全員が笑顔で頷いた。

黒板の前に椅子を並べて着席する。発表の時には全員で発表者が立つ黒板に向かい、気づきの共有の時には、円陣を組む。マーケティング室の勉強会のスタイルだ。

「じゃあ勉強会を始めたいと思います。いつものようにただ学ぶだけではなく、積極的に自分の気づきを共有してください。今日からいよいよ、遥さんに本格的に講義をしてもらうことになりました。じゃあ遥さん、お任せしてもいいですか？」

遥は立ち上がり、黒板の前に立つと、胸のあたりを小さくポンポンポンと叩いてから、深く頭を下げた。顔を上げると、瞳の輝きが変わっていた。

「人はなぜ商品を購入するのか？」遥は静かに語り始める。

遥が学んだ
マーケティング
理論
2

顧客視点が足りない！

さあハルカ、講義を始めよう。

今日の講義は「人はなぜ商品を購入するのか？」についてだ。

これはビジネスの世界の永遠の謎である。世界中の学者たちが、今日も論文の執筆に勤しんでいる定番のテーマだ。我々もその答えを探ってみようじゃないか。難しい質問に直面した時には、質問を少し変えてみると突破口が開くことがある。例えば、こう変えてみたらどうだろうか？

「人はいったい何を購入しているのか？」

それは製品という形ある商品であり、サービスという形なき商品である。

では、人は本当に製品やサービスを購入しているのか？

その答えはNOだ。

人は、モノやサービスを購入しているわけではない。実は解決策を購入

しているのだ。

例えば、電気ドリルを購入する人のほとんどは、穴を開けるための解決策として電気ドリルを工具店に買いに来る。電気ドリルというモノだけがほしい人は、少数の電気ドリルマニアだけだ。彼らはガラスケースに電気ドリルを保管し、時々取り出しては、その電気ドリルを磨きながら酒を飲む。残念ながら私はそんな電気ドリルマニアにはまだ会ったことはないけどね。

ほとんどの人は電気ドリルをガラスケースではなく工具箱に保管し、磨くのではなく、穴を開けるために使うだろう。

にも関わらず、電気ドリルを購入するために来店した顧客に対して、工具店の店員はその性能や機能のすばらしさばかりを訴える。まるで電気ドリルマニアに売るがごとくだ。

電気ドリルを買いにきた顧客に**「どこに、なぜ、どのように、どのような穴を開けたいのですか？」**とは質問しない。

なぜか？

それは**自らが販売しているものが、解決策だという事実にいまだに気づ**

いていないからだろう。

私たちが売っているものは製品ではない。サービスでもない。解決策だ。だからまず考えるべきことは、私たちが販売しようとしているものは、顧客にとって、最善の解決策なのかということだ。

穴を開けなければならない、という顧客の解決策は、電気ドリルを購入することだけではない。誰かに穴を開けてもらう、という解決策もある。

顧客は何らかの問題を抱えた時に、自らその解決策を考える。つまり、顧客が買いにきた商品というのは、**「顧客が自ら考えた解決策」**であると言い換えることができる。

ならば、顧客が私たちの前に立ち、何らかの要望を告げた時、道は2つある。

①顧客の要望に盲目的に従う
②あくまでも顧客の問題解決にコミットメントする

どちらの選択が正しいのかという論争は、勝敗の基準が明確でなければ無意味だろう。だからここで、私はこのゲームのルールを提示する。

勝者は「顧客に、より深く感謝された者」としよう。

この勝敗のルールの場合、①②のどちらのアプローチが勝者となるのかを、改めて考えてほしい。

勝者はおそらく「②顧客の問題解決にコミットメントする」ことではないだろうか？

顧客の抱えている問題が大きければ大きいほど、解決できないことによる痛みが強ければ強いほど、解決のために支払わなければならない対価が大きければ大きいほど、②のアプローチをした者が大差で勝利するはずだ。

ならば私は安心してこう言い切ることができる。

「顧客の問題解決にコミットメントしなさい」

マーケティングはそれを極めていくと、最終的にはシンプルな質問を私たちに投げかけてくる。それは「誰に何を売るのか？」という質問だ。

「誰に何を売るのか？」はマーケティングにおける最上位の概念だ。マーケティングに限定すれば、これより上位の戦略はない。つまり、大戦略ということになる。

「誰のどのような『痛み』を解消するのか」という表現で覚えておけば、より強力な大戦略を作ることができるようになる。

ところで、「問題解決」というフレーズの中の「問題」とはそもそも何か？　電気ドリルが解決する問題は穴を開けることだ。ならば私たちは、いかにきれいな穴を、いかにすばやく、いかに安全に、いかに誰でも開けられるようにするのかを課題とすればよい。本当に？

そうではない。この考えでは「顧客の問題解決にコミットメントする」という使命を実は果たせない。

「そもそもなぜ穴を開けたいのですか？」

「あなたはなぜ穴を開ける必要に迫られたのですか？」

この質問の先にこそ、顧客の抱える本当の問題がある。顧客が抱える問題は、実はもっと深い場所にあるのだ。

それが**ディープ・プロブレム**だ。

顧客が本当に解決したい問題とは、このディープ・プロブレムに他ならない。そして、**人が商品を購入する本当の理由は、このディープ・プロブレムを解消できるかもしれないという期待によるものである。**

だが、顧客はディープ・プロブレムの解消まで、私たちには求めてこない。私たちはそこまで考えてあげる必要などない。もちろんその責任もない。だから、私たちは顧客のディープ・プロブレムの解消からは逃げることができる。そんな面倒からは逃げるに限る。本当に？

もし、私たちが逃げることなく、顧客のディープ・プロブレムの解消と向き合えばどうなる？　獲得できるのは、顧客からの圧倒的な支持であり、圧倒的な信頼ではないだろうか？

マーケティングの使命は、顧客から選ばれ続ける仕組みを作ることである。売り逃げることではない。そのためにまず私たちが志向すべきなのは、顧客から圧倒的な支持と信頼をいただくことだ。

ここまで一緒に確認できれば、私も安心して言い切ることができる。

「顧客のディープ・プロブレムに注目しなさい！」

なぜなら私たちは、顧客の問題を解決するために、仕事をしているのだから。

5

遥の最後の言葉に片山は息を飲んだ。

遥は静かに頭を下げた。メンバーからため息とともに拍手が起きた。全員の椅子を移動して、円陣を組んだ。気づきの共有が始まる。口火を切ったのは片山だった。

「遥さん、ありがとうございました。源さんが言っていた通り、本当にすばらしい講義でした。僕は今、とても大きな衝撃を受けています。十五年間、分からなかった答えが、今、ようやく分かりました」

遥は目を輝かせながら片山の話に耳を傾けている。

「十五年前。二十九歳の頃、僕は国産の医療機器メーカーで営業をしていました。ライバルだった外資系企業に、一人の伝説の営業マンがいました。彼の名前は新城さん。彼が医局に現れるだけで、お医者さんはもちろん、看護師さんも、技士さんも、みんなが『新城さん、新城さん』って、魔法がかかったみたいに笑顔で集まってくるんです。僕のいた会社は、新城さんの会社と競合する商品が多くて、運の悪いことに、僕は彼と同じ地区を担当していましたから、ご想像の通りの連戦連敗です。あの頃はまさに営業人生、最悪の日々を過ごしていました」

「それはきついですね」奥山がつぶやくように言う。

「ある日、僕は病院の廊下で新城さんに声をかけられました。彼と直接話すのは、その時がはじめてだったんです。新城さんはライバル企業の社員である僕に対しても丁寧で、爽やかでした。名刺交換を終えると、新城さんは僕にこう切り出したんです。『片山さんにお願いがあるのですが、中央病院の佐伯先生に御社の製品をできるだけ早めにご紹介いただけませんか？　僕からの依頼と言っていただければ、すぐに面談をしていただけると思いますので』と。新城さんの会社で同じ使用目的の医療機器を販売しているにも関わらずです。僕は何がなんだか分からないまま、とりあえず佐伯先生にご連絡をしました。新城さんが言っていた通り、その日のうちに佐伯先生との面談が決まりました。驚くことに佐伯先生は、僕の会社の製品の特徴や利点をすでに熟知していたんです。きっと新城さんが説明したのだと思います。翌週には臨床試用、翌々週には正式に採用が決まりました。一回の手術で何本も使い捨てされるディスポーザブル医療機器でしたから、採用されるだけで年間数千万円の売上が確定することになります」

みんなが身を乗り出して片山の話を真剣に聞いている。片山が続ける。

「採用が決まった翌週、新城さんと再び別の病院の駐車場で会いました。彼は僕にお礼を言いました。『迅速に対応していただき、ありがとうございました』って。僕は、この男の狙いはいったい何なんだ、と少し怒りにも似た感情を持ちました。僕はたまらず新城さんに、何で売り上げを譲ってくれたんですか、と尋ねました。すると、新城さんの顔から一瞬笑顔が消えました。少し寂しそうな顔をして空を見上げました。それから僕に視線を戻すと、真剣な顔で『本当に分かりませんか？僕たちは何のために仕事をしているんですか？』と言ったんです。新城さんの質問の意味が、僕はずっと分かりませんでした。でも、遥さんが今、僕にその答えを教えてくれました」

遥は緊張した顔で片山を見つめている。

「その頃、中央病院はある特殊症例の患者さんの受け入れに力を入れていました。その症例が多いことを前提に考えれば、採用すべきベストな医療機器は、新城さんの会社の製品ではなく、僕の会社の製品だったんです。お客さまを奪うとか奪われるとか、そんな次元で新城さんは仕事をしていなかったんだなと、今気づきました。だからなんだ。だから、新城さんは、みんなから信頼されていた。だからこそ、お客さまも、新城さんが勧めるなら、新城さんの会社の製品を安心して購入することができたんだと気づきました。新城さんが僕に投げかけた、『僕たちは何のために仕事をしているんですか？』。その答えは――」

「お客さまの問題を解決するために、仕事をしている」全員が声を合わせて小さくつぶやいた。

その言葉を聞いた遥は幸せそうな顔で瞳を閉じた。

6

その日の昼休み。

岡田は第一工場と第二工場の間にある中庭のベンチに座って、缶コーヒーを飲みながら、ぼんやりと凌のことを考えていた。

凌がまだ片山鋳造に勤めていた頃、昼休みはいつもここで缶コーヒーを飲みながら、二人で色々な話をした。いつもふざけあって、笑い転げていた。凌が二十一歳になった日、「ずっと夢だった音楽に本気で挑戦したい」と、目を輝かせながら語ってくれたのもこの場所だった。

四年間、バンクスは懸命に活動した。さまざまなことにもチャレンジした。でも結局、彼らは前には進めなかった。ＣＤの無料配布という、彼らの選択した戦術に、大きな不安を感じていた。

「あの……岡田さん」

背後からいきなり声がした。振り向くと遥が真剣な顔をして立っていた。

「驚いた。遥さん、どうしました？」

「お願いがあります。できるだけ早く、バンクスのみなさんとお話する機会を作っていただけませんでしょうか？　間に合わなくなる前に……」

遥はまっすぐに岡田の目を見ながら言った。手にはバンクスが配布していたあのＣＤが握られていた。

7

その日の夕方、ハンバーガーショップで凌たちと待ち合わせた。

「遥さん、今日はよろしくお願いします」凌が言う。

メンバー全員が集合していた。それだけ彼らは真剣で、追い込まれていた。

「昨夜は素敵な歌を聞かせていただきありがとうございました。私は誰かの歌を聞いて、こんなに感動したことがありません。これからも歌い続け、もっとたくさんの人たちに聞いていただくべき歌だと思いました」

遥の言葉にメンバーは幸せそうな顔をした。

「でも、このままだといけません」遥は言い切る。

メンバーは真剣な顔で遥の言葉に耳を傾けた。遥は続ける。

「バンクスの活動には……プロセスが足りていません」

「プロセス？……ですか？」凌が繰り返した。

遥は力強く頷いた。

プロセスが足りない！

さあハルカ、講義を始めよう。

今日の講義は「プロセス」についてだ。

どんなに商品がよくても、プロセスが足りなければ、ビジネスは成功しない。ビジネスを成立させるためには集客をしなくてはならない。では、どのような人を集めるべきか？　シンプルに考えれば、商品を購入してくれる人を集めることが正解のように思ってしまう。だが、マーケティングの考えとしてはそれでは不完全だ。

思い出してみよう。売れることではなく、選ばれ続ける仕組みを作ることがマーケティングの使命だ。

選ばれ続けるために必要なことは何か？　商品がよいこと？　もちろんそれは大前提だ。しかし、もうひとつ、とても大切なことがある。

それは、顧客と連絡を取り続けることだ。単発の告知だけで行動を起こしてもらおうと考えるのがそもそもの間違いだ。

購入してもらう前にも、購入してもらった後にも、連絡を取り続けることが大切なのだ。

集客において私たちは大きなミスを犯す。

① 連絡先を入手しない
② 定期的な連絡を行わない
③ 顧客の役に立つ情報を発信しない

この3つがそうだ。

マーケティングを成功させたいなら、まずは顧客との有効な連絡手段を手に入れることに知恵と時間を注ぐべきだ。例えば、無料の何かと交換して、見込顧客の連絡の手段を教えてもらうことは、とても有効な方法だ。

連絡の手段として最適なのはメールアドレスである。たしかにSNSのダイレクトメールやメッセージ・アプリなどはメールよりも利便性が高い。メールはいずれそれらに置き換わるだろうとアナリストたちは予測している。しかし、現在も、メールは極めて効果的で、確実で、安全で、費用対効果の高い最善のマーケティングツールである。

だが、メールアドレスを獲得しただけではいけない。そこに顧客に役立つ、価値のある情報を、定期的に発信し続けなければならない。

では、定期的とはどのくらいの間隔を言うのか？　忘れられないためには、出会ってから24時間以内に最初の連絡を、次はそれから3日以内。その次は21日以内に。そこからは21日を越えない間隔で、継続的に連絡を行わなければならない。**商品に対する関心や欲求、購買行動により得られた感動、感謝、信頼などの感情は、21日が経過すると急速に醒めていく。**

もちろん21日よりも短い間隔で連絡したほうがより効果的だ。ただし、それには条件がある。それは発信する内容が顧客の役に立つ、価値のある情報であることだ。ただの1回でも役に立たない価値のない情報を送りつけては絶対にいけない。反対に顧客の役に立つ、本当に価値のある情報であれば毎日でもかまわない。おそらく毎日のほうが効果的だ。人は会えば会うほど、その人のことを信頼し、好きになる。心理学のザイオンス効果は、メールや郵便物などの通信手段を用いた場合でも、その効力を発揮する。

顧客または見込顧客の連絡先を獲得して、繰り返し顧客の役に立つ、価値のある情報の発信を行いながら、信頼関係を築き、購入、そして、継続購入へと結び付けていく。ビジネスにはこの基本的なプロセスが必要不可欠だ。

まとめておこう。私は決して難しいことを言っているつもりはない。

「無料の何かと交換に、メールアドレスを獲得せよ。その人のために役に立つ、価値のある情報だけを21日間を置かずに届け続けよ」

そして、このプロセスを作り上げたら、それを死守するのだ。

8

「つまり、ＣＤはメールアドレスと交換に渡しなさいということですね？」

凌が尋ねると、遥は「はい」と返事をした。

「たしかにもう五百枚以上配ったけど、何かが変わるようには思えなかったよな」

タクヤが言い、シュンは大きく頷いた。

「それで、音源と交換に登録してもらったメールアドレスに、定期的にメルマガで情報発信をせよということですよね」

ユウキが遥に尋ねると、遥は大きく頷く。

「ということは、路上ライブ中に配布するフライヤーに、空メールでメルマガに登録できるＱＲコードを入れて……空メールを送信してくれると、自動返信メールで引換券的なものを表示させて、それを僕らに見せてもらって、ＣＤをプレゼントするような流れでいいのかな？」

ユウキが店のナプキンの裏に簡単な図を書く。全員がそれを覗き込んで頷く。

「メルマガの内容をどうするかが課題だよな」シュンが言う。

「今はただライブの告知や、たまに新曲のことや、アルバムの発売の案内をしてい

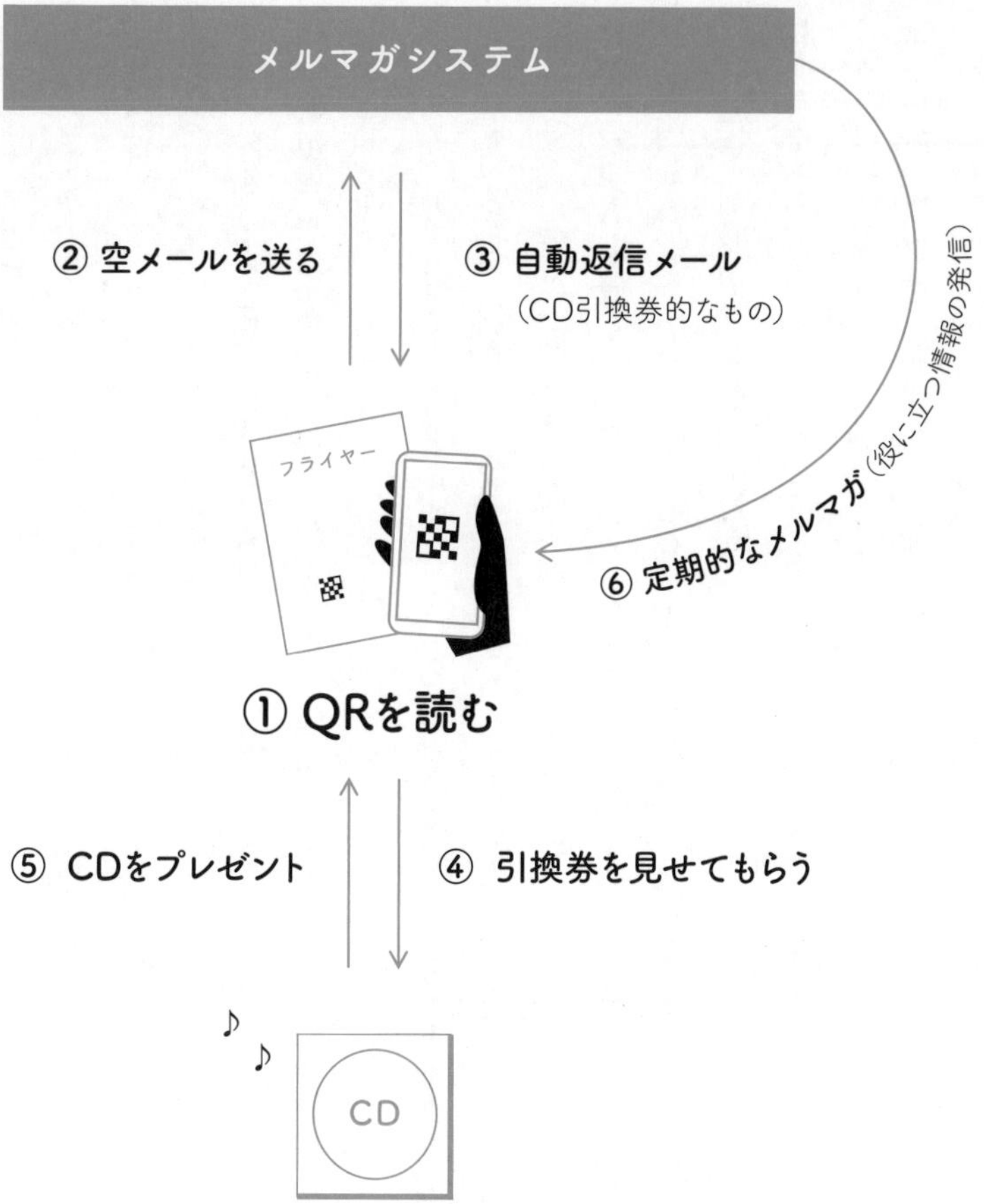
メルマガシステム
② 空メールを送る
③ 自動返信メール
（CD引換券的なもの）
⑥ 定期的なメルマガ（役に立つ情報の発信）
フライヤー
① QRを読む
⑤ CDをプレゼント
④ 引換券を見せてもらう
CD

るだけだよな」ユウキがこたえる。

「でも、僕らミュージシャンが発信できる、お客さまの役に立つ、価値のある情報って何だろう?」

凌が自分の長い髪をかき上げて頭の上で掴む。

「私はバンクスの歌を聞いて、勇気や元気をいただきました」遥が言う。

「僕らの歌が誰かの勇気や元気になる……」凌がつぶやくと、遥は微笑みながら大きく頷く。

「バンクスが、夢を叶えようと頑張っている姿が、それだけで、もう僕らの勇気や元気になっているし、バンクスに夢を叶えてもらいたいと願っている」

岡田が言うと、遥も二回大きく頷いた。

「そうか、いつも応援してくれているファンの人たちと、共有できる夢を持てばいいんだ。僕らも頑張るから、あなたも一緒に頑張ろう、夢を叶えましょうと、伝えればいいんだ!」凌がメンバーに言う。

「夢は具体的な目標に変えて伝えるべきだと思います」遥が言う。

「ワンマンでソールドアウトは?」シュンが言う。

「おー!」凌、タクヤ、ユウキが同時に声を上げる。

「どんなに頑張っても三十人しか集められなかった僕らが、ワンマンライブをソールドアウトする！」凌が言う。

「ファザースってキャパ何人だっけ？」シュンが聞く。「ファザース」はバンクスが拠点にしている地元のライブハウスだ。

「スタンディングで二百人って書いてある」

ユウキがすぐにスマートフォンで検索してシュンにこたえる。

「メルマガはやられていますか？」遥が聞く。

「はい。だいたい三百人ほど登録してくれています」凌がこたえる。

「メルマガ登録者数三百人で三十人が集客できているなら、ライブハウスへの集客率は十パーセントです。二百人を達成するためには、メルマガ登録者数二千人が、現時点での仮説であり、目標値となります」

遥がゆっくりとメンバーに伝える。

「なるほど。道のりは遠そうだけど、具体的な目標があれば頑張れそうだ」

シュンが言う。

「CDはまだ九千枚以上はあるし。もし、それが全部メールアドレスと交換できたら……。九千人のメルマガ登録で十パーセントだから、九百人を集められるということ?」タクヤが言う。

「てことは、ライズをソールドアウトできる……」凌がタクヤを見て言う。

地域最大のライブハウス「ライズ」でのワンマンライブ。それは、バンクスを結成した当時に語っていた夢だった。ライズのキャパシティはちょうど九百人だ。

「いつから始める?」

シュンが誰にともなく聞く。

「いや、今夜から」

凌はこたえながらカバンの中からノートパソコンを取り出す。

9

その日、三ステージ目の路上ライブで、ついに観客は一二〇人を超えた。

一回目は、いつものように二十人前後の観客しかいなかった。演奏と演奏の合間に凌がCDプレゼントの告知を行い、残りのメンバーは楽器を置いて、観客たちに、作りたてのフライヤーを配った。バンクスはあれから約一時間で、この新しいフライヤーを作り上げ、路上ライブに向かう途中のコンビニエンスストアで印刷をした。

一回目のライブ終了後に、一組のカップルと、三人の観客の合計五人が列に並んでくれた。メンバーは、その一人ひとりに心を込めてCDを手渡した。

その瞬間から状況は変わり始めた。

その列を見ていた通行人が、彼らに興味を持ち、次のライブが始まるのを待った。二回目は五十人が集まった。三曲を歌い終わると二十人がバンクスのメンバーの前に行列を作った。

そして、その列を見て、三回目では一気に八十名が集まった。その人垣を見てさらに人が集まり続け、最後の曲が始まる前には、一二〇人以上の人たちがそこに立ち止まった。

その日、最後の曲の前に、凌は観客に向けて語り始めた。

「本当に、ほんの数時間前まで、僕らは解散を考えていました。四年間、何をやっても、どんなに頑張っても、僕らはうまくいきませんでした。でも、今……もしかしたら僕らは何かを変えられるんじゃないかな？　その可能性を信じてみようと思うことができました。僕らの歌が、あなたの未来に、ほんの少しでも勇気とか、元気とかを与えられるなら、僕らはこれからも歌い続けていきたいです。この広い世界で、今日、僕らを見つけてくれて、本当にありがとう！」

凌は深く観客に向けて頭を下げた。観客の大きな拍手が続く中、タクヤがスティックでカウントを取る。

「こんなすごいことが起きるなんて。まるで魔法のようです！」

岡田は遥の耳元に向かって叫んだ。遥は大きくかぶりを振って叫び返してきた。

「マーケティングに魔法の杖はありません！」

観客たちは、バンクスの曲に合わせて、手拍子を始めた。遥も観客たちと一緒に手拍子を始める。

「でも、マーケティングは時々、奇跡を起こします！」

遥は涙を浮かべながら笑顔で叫んだ。

その日、バンクスは新たに九十八人のファンを獲得し、メルマガ登録者は四百人になった。目標まであと一六〇〇人。

10

片山は社長室の柱時計を見上げた。午後九時三十分。マグカップに残った冷めたコーヒーを一気に飲み干すと、売上日報のファイルを閉じ、パソコンをシャットダウンしようとマウスを引き寄せた。

その時、パソコンのスピーカーから、小さな鈴の音が聞こえ、内蔵カメラの起動を示すLEDランプが点灯し、片山の顔認証が始まる。レノン・コンサルティングから片山がメッセージを受け取る時の儀式だ。レノン・コンサルティングと片山のホットラインである専用のメールシステムが立ち上がり、続けてメッセージが表示される。

『片山鋳造の次の新たな柱となる、新事業の創出を行ってください。最終的にどのような新事業を選択するかは、片山社長の判断に委ねます。これが我々からの最後のミッションとなります――』

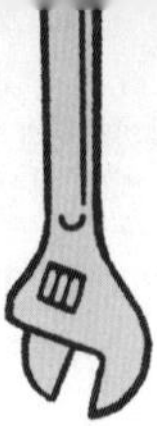

3章　ライバルの攻略と差別化

1

翌朝。岡田と遥は、スマートフォンに届いたバンクスからのメールマガジンを読んでいた。

『この広い世界で、僕たちを見つけてくれてありがとう――』

メールマガジンは路上ライブで凌が語った言葉から書き出されていた。長文のメールには、バンクスの音楽に懸ける真摯な想いが綴られていた。そして、そのメルマガには『あなたと一緒に、夢を叶えたい。七月十五日、土曜日、ファザースで行われるワンマンライブでソールドアウトをめざします』と結ばれていた。

昨夜の路上ライブが終了してから、彼らは夜遅くまでかけてこのメルマガを書き上げたのだろう。バンクスからのメルマガを読み終えると、二人は顔を見合わせて微笑んだ。

チャイムが鳴る。いつものようにメンバーが、黒板の前まで椅子を押して集まってくる。

「おはようございます。勉強会を始める前に、少しだけ聞いてください。マーケティング室は創設から三週間になります。今週、遥さんがきてくれてから、僕たちは何をすべきかが、見えてきたような気がしています」岡田が言う。

「お客さまから選ばれ続ける仕組みを作る！」

奥山がこたえると、全員が大きく頷く。

「片山社長は『まだゆっくりと考えればいい』と言ってくださいましたが、明後日の金曜日にマーケティング室の方針を、社長にご提案しようと思っています。今日明日の二日間で、お客さまから選ばれ続ける仕組みを作るために、これからマーケティング室は、何を、いつまでに行うのかを決めていきたいと思います」

「いよいよ、マーケティング室も本格始動ですね」鮎川が言う。

「そこで遥さん、むちゃぶりかもしれませんが、今日の勉強会は『マーケティング・セクションの役割』をテーマにお話をしてもらえませんか？」

遥は「はい」と爽やかな笑顔でこたえる。

「いや、できちゃうんですね……」奥山が言うと、源次郎も鮎川も微笑んだ。

遥は深呼吸をすると、胸のあたりを小さくポンポンポンと叩き、静かに語り始める。

「マーケティング・セクションの役割はたった四つです」

遥が学んだ
マーケティング
理論
4

成長戦略が足りない!

さあハルカ、講義を始めよう。

今日の講義は「マーケティング・セクションの役割」についてだ。

マーケティング・セクションを設置する企業が増えてきた。ただ、残念ながら企業の中で本来の役割が果たせているマーケティング・セクションはごく少数だ。その要因はさまざまである。しかし、本来の役割が果たせていない企業に共通しているのは、経営トップや経営陣が正しくマーケティングを理解できていないということだ。

そもそもマーケティングを、いまだに市場調査や、広告宣伝のことだと思い込んでいる人も少なくない。これらは、マーケティングの機能の一部ではあるが、全部ではない。

ビジネスにおけるマーケティングの定義は「顧客から選ばれ続ける仕組

み を作る」ことである。すなわち、**マーケティング・セクションの真の役割は、仕組みを作ることにある。**

だが、多くの企業のマーケティング・セクションがやっていることは、旧来から存在する主幹部門の後方支援である。例えば、営業部門の後方支援部隊として、販促ツールを制作したり、販売実績のデータを分析したり、顧客リストを構築したり、展示会やイベントを実施したりしているケースは本当に多い。

また、開発部門の後方支援部隊として、開発テーマを探索するための市場調査を実施し、商品企画書をまとめ、開発の計画を管理し、商品のネーミングやパッケージデザインを担い、販売予測を立て、生産数量を工場と擦り合わせ、販売後には販売動向調査を行う。

ここに書いたいずれの仕事も、マーケティングの全体ではないにしろ、重要な仕事であることは確かだ。私はいったいこのどこに問題があると言っているのか理解できるかな?

ここまで学んできたことを思い出せば、その答えはすぐに分かるはずだ。そう。後方支援という考え方、そのものに大きな問題がある。

いつものようにここで質問を変えてみよう。

「後方支援部隊のクライアントはいったい誰か？」

それは後方支援を提供している社内の部門である。

マーケティングは、視点を内向きにしたとたんに、機能不全を起こす。必ず。マーケティングを成功させたければ、常に視点は外、つまり、顧客であり、市場に向ける必要がある。

結論を言っておこう。マーケティング・セクションはどの主幹部門にも属さない、社長直轄の独立部門とするべきだ。さらに言えば、マーケティング・セクションが戦力となって販売を伸ばすのは本末転倒だ。マーケティング・セクションが行うべきことは、仕組みを作ることである。

マーケティングはマーケティング・セクションだけが行えばいいことではない。真にマーケティングが強い会社にしたければ、社を挙げてマーケティングに取り組むことが必要不可欠である。つまり、マーケティング・セクションは全社マーケティングを推進する役割もある。

さて本題に入ろう。

マーケティング・セクションの役割はマトリクスを用いて分類できる。

①現在の設定ターゲットに、現在、販売している商品をもっと売る（販売促進）
②現在の設定ターゲットに、新商品を売る（新商品開発）
③新しくターゲットを設定して、現在、販売している商品を売る（市場開拓）
④新しくターゲットを設定して、新商品を売る（事業開発）

これは戦略的経営学の父、イゴール・アンゾフ教授の提唱した成長マトリクスを参考にした分類方法だ。シンプルにいえば、マーケティング・セクションの仕事は販売促進、新商品開発、市場開拓、事業開発の4つである。

この4つの仕事に対して、別のセクションを立てて成功している企業もある。だが、重要なことは、この4つの仕事はいずれもマーケティングの知識と経験が必要だということだ。

さらにこの4つの仕事は、マトリクスで示したように明確に分割しているわけではない。境界線は明確ではなく、すべての仕事はグラデーションのごとく繋がっている。

理想はただひとつ。この4つの仕事は、すべてマーケティング・セクションが統括し、マーケティング的な思想をベースに推進すべきだというこうとだ。

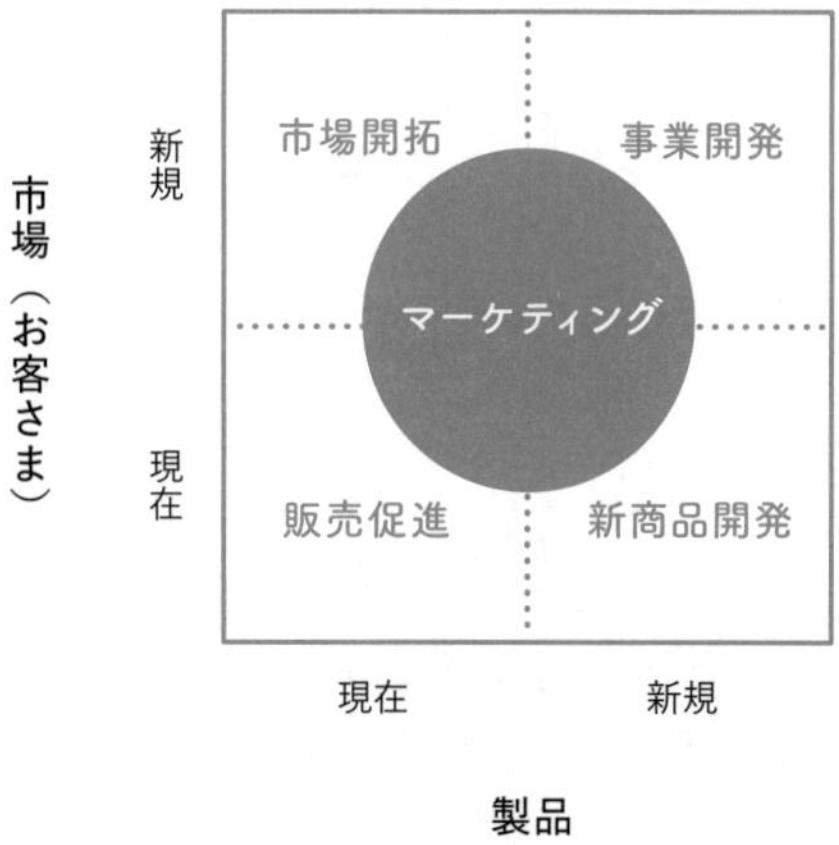

2

遥は黒板にマーケティング・セクションの役割を示すマトリクスを書いた。

「つまり、マーケティング・セクションの役割は、販売促進、新商品開発、市場開拓、事業開発の四つということだな。じゃあマーケティングピラミッドとの関係は？」

源次郎が遥に尋ねる。

「販売促進、新商品開発、市場開拓、事業開発は、『誰に何を売るのか？』の部分が異なりますので、それぞれにマーケティングピラミッドを作らなくてはなりません」

「つまり、『誰に何を？』よりも上の概念だということは、マーケティング戦略の領域ではなく、マネジメントの領域だということですか？」鮎川も遥に尋ねる。

「今、会社として販売促進、新商品開発、市場開拓、事業開発のどこに、限られた戦力を傾けなければならないかを考えるということです。これは、マーケティング戦略の上にある、経営戦略の領域です」

遥は新たなピラミッドを黒板に書くと、それを九階層に分けた。

「このピラミッドは企業経営とマーケティングの関係を示すものですが、この四つがマーケティング・セクションの主要な業務ということになります。ただし、マー

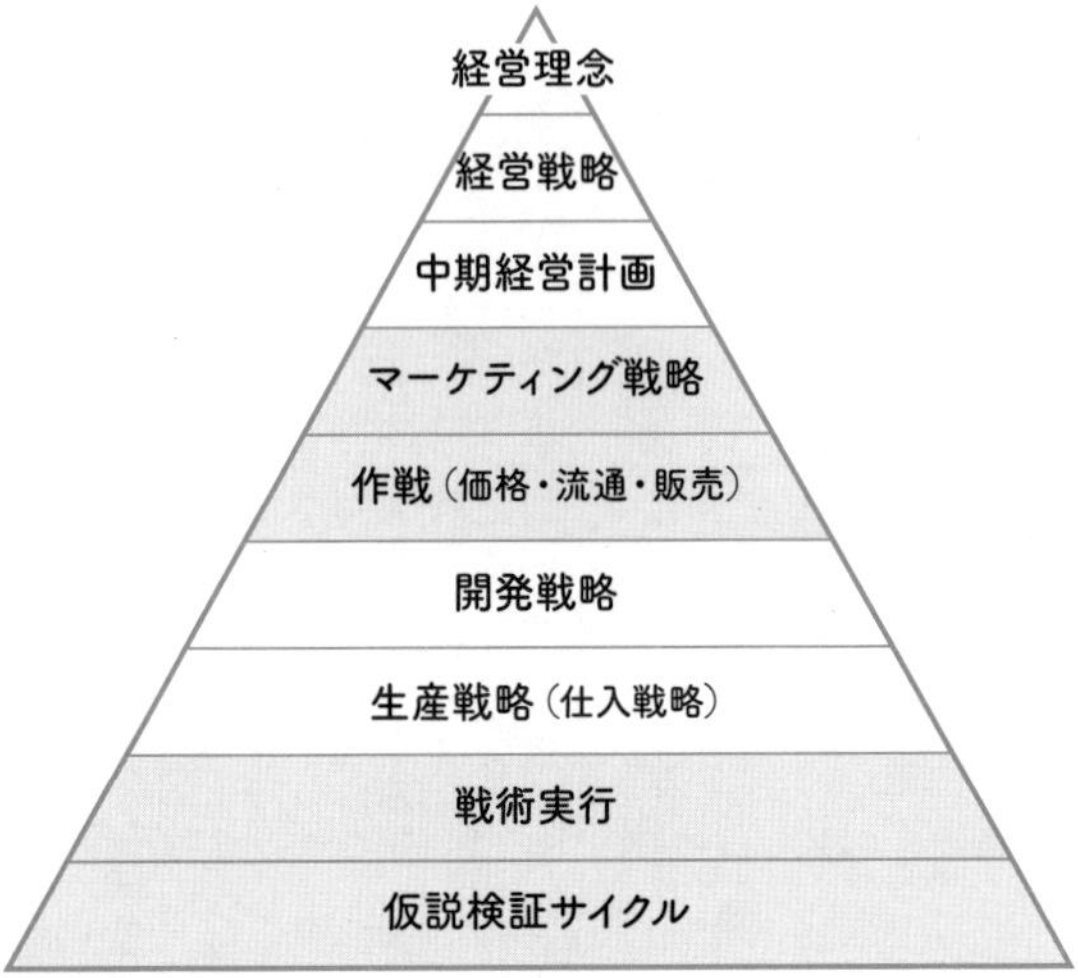

ケティングのコアな考え方は、企業経営のすべてに活かすべき考え方です」

「私たちはお客さまの問題を解決するために仕事をしている——ですよね。これはマーケティング・セクションだけではなく、全社の全機能が、本来はそう意識すべきですよね……」

奥山がちゃかすことなく真剣な顔で言う。

「片山社長の采配で経営危機は回避できました。これから我々はマーケティングの視点で、短・中長期に片山鋳造が何をすべきかを、改めて考えてみましょう」岡田が言う。

3

マーケティング室のメンバーは、社長室の六人掛けの机に座っていた。入口側の席には、奥山、岡田、遥が座り、向かい側の席には片山を挟んで、その両脇に源次郎と鮎川が座った。

「今日はありがとう。みなさんからの提案を楽しみにしています」

社長報告は全員で行うことにした。これからマーケティング室が本気で成果をめざしていくために、何をどのように片山に説明をしたのか、そして、それに対して片山はどのような反応だったのか、そのすべてを正しく共有したいと考えたからだ。

片山も賛同してくれ、今日は六人分のコーヒーを自ら淹れて待っていてくれた。

岡田は社長室のホワイトボードに、成長マトリクスを書き、それぞれのファクターに関して簡単に説明した。

「我々マーケティング室は、片山鋳造の中長期を見据えた時、この四つのファクターすべてに取り組むべきと考えました。マトリクスはこの図のように、明確にボーダーがあるわけではありません」

岡田はマトリクスの中の線をイレーサーで消す。

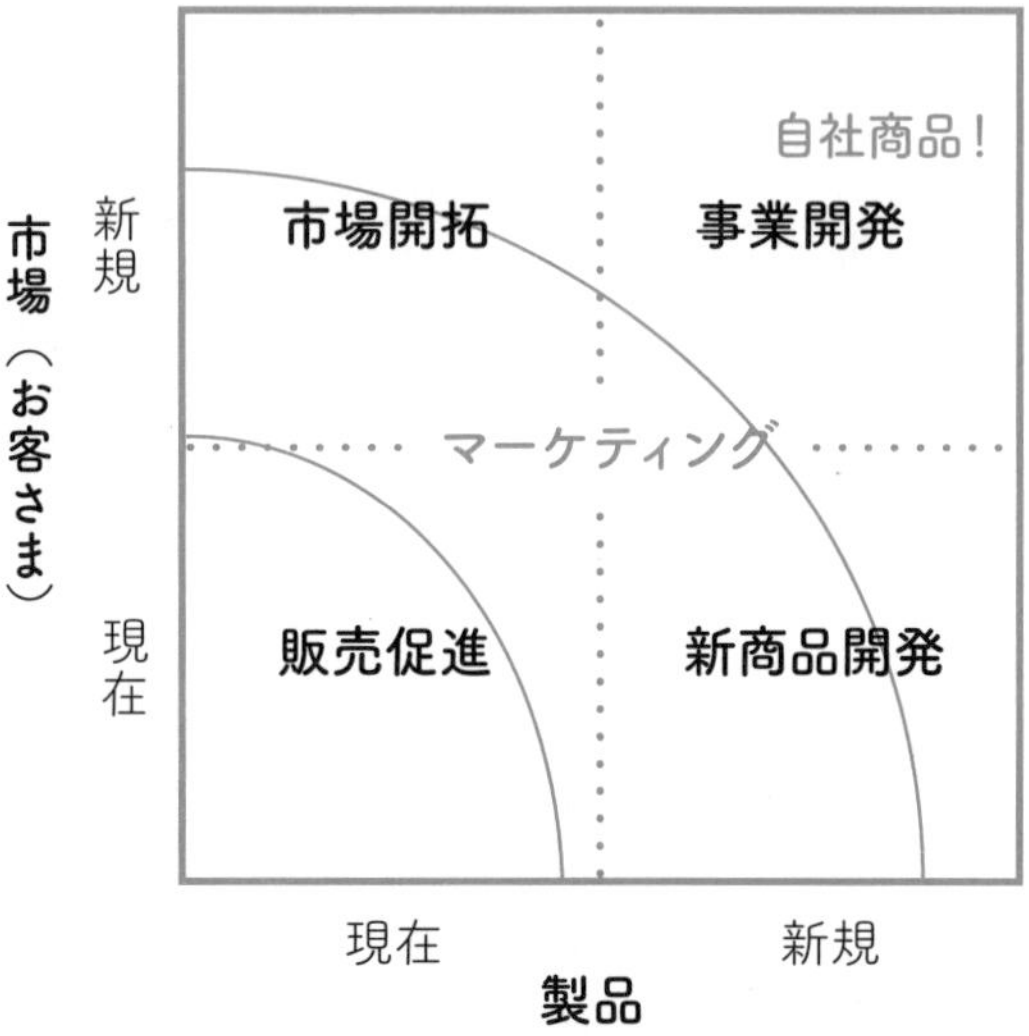

「マトリクスの分類は実際はグラデーション状になっています。つまり、現在の商品寄りの新商品もあれば、まったくの新技術を用いた新商品もあります。同じように現在の我々の顧客と類似した業種や業界もあれば、我々がまったくアクセスしたことがない新市場もあります。だからこの四つの分類を同時に、円状に拡大していくべきだと考えています」

マトリクスの中に拡大する円弧を書き入れた。

「この四つのファクターはすべて、マーケティングというひとつの考え方で結ばれています。だからこそ別々のタスクとしてではなく、共通のタスクとして進めてまいります」

「特に事業開発は片山鋳造の未来のためにも、絶対に取り組むべきだと考えています。どのような新事業を行うべきか、具体的な商品はまだ見つかっていませんが、めざすべきは……」

岡田は成長マトリクスの事業開発の文字の上に「自社商品」と書き入れた。

4

片山はマーケティング室のメンバーが社長室から退出した後、ひとりコーヒーを飲みながら、ホワイトボードの「自社商品」という文字を見つめていた。

ノートパソコンを開くと、三日前に届いたレノン・コンサルティングからの最新のメッセージをもう一度確認する。

『片山鋳造の次の新たな柱となる、新事業の創出を行ってください。最終的にどのような新事業を選択するかは、片山社長の判断に委ねます。これが我々からの最後のミッションとなります――』

メッセージは続いていた。

『尚、マーケティング・セクションが、自社商品の開発に取り組むべきことを進言した場合には、彼らにテーマを自由に探索させることを助言します。結果として彼らがテーマを見つけた時、そのテーマの是非を論じるのではなく、そのテーマをいかに迅速に、小さく試せるかを思考してみてください。テーマの有効性を確かめる、最もリスクが小さく、最も確実な方法は、やってみることに他なりません』

片山は思わず笑いがこみ上げてきた。まだ小さな突破口に過ぎないが、マーケティング室の創設により、確実に何かが変わっていく予感がした。

5

土曜日。マーケティング室の五人は、楠木モータースに向かっていた。楠木モータースは岡田の義兄、楠木賢一が経営する中古車販売会社だ。岡田の姉、香織がマーケティング室のメンバーをバーベキューに招待してくれた。

岡田と遥はＪＲの駅で待ち合わせをして、楠木モータースに歩いて向かった。まだ五月だというのに、その日は夏日となった。蒸れた草の匂いが立ち込めている。

青い空には、湧き上がる雲が浮かんでいた。

楠木モータースは駅から続く、緩い坂を上った先にある。前方には地下鉄から歩いてきた、源次郎、鮎川、奥山の後ろ姿が見える。遥はいつものスーツに、いつもの大きなショルダーバッグを肩からかけ、楽しそうなリズムで歩いている。

「遥さん、休日はスーツじゃなくても大丈夫ですよ……」

「いいえ。私はこの服しか持っていません。正しくはこの服なら五着持っています。シャツは同じものを十枚持っています。なるべく優先順位の低い意思決定は行わないで済むように工夫しました。ウィルパワーの保全です」遥は自慢げに話す。

「ウィルパワー……ですか？」

「はい。ウィルパワーとは目標を達成するための精神力のことです。諸説ありますが、フロリダ州立大学のロイ・バウマイスター教授らは『人は意思決定をするときに、ウィルパワーを消費する』と報告しています。また、ウィルパワーは有限であるとも。ですから、私は私の目標を成しとげるために、ウィルパワーをコントロールすべきだと考え、同じスーツを五着、同じシャツを十枚用意してインターンシップに臨んでいるのです」

「遥さんが成しとげなければいけない目標って何ですか？」

「もちろん！　このインターンシップを有意義なものにすることです！」

遥は笑顔で言い切った。

6

楠木モータースの入口には「臨時休業」の大きな看板が立てられていた。

「いつも弟がお世話になっています。今日はささやかですが、お楽しみいただけるとうれしいです」

姉の香織が丁寧に挨拶をする。義兄、楠木賢一も笑顔で並んで立っている。

「こちらこそお招きいただきありがとうございます。つまらないものですが……」

源次郎は風呂敷から一升瓶を取り出すと賢一に手渡した。

香織が笑顔で遥に近寄る。

「遥ちゃんだよね。祐二から話は聞いているよー」

「このような場は、はじめての経験なので、失敗することがあるかもしれませんが、よろしくお願いします」緊張した顔で遥がこたえる。

「なんかさー、かたいよ！　今日は楽しんで！」香織は大きな声で笑った。

「さあ、もう準備はできています。こちらへどうぞ」賢一が言う。

ガレージの前に置かれたバーベキューコンロには、すでに火がおこしてあった。

「お腹すいてきました！」奥山が叫ぶとみんなが笑った。

岡田は源次郎に近づく。

「源さん、実は今日、もうひとり呼んでいるんです……」

岡田は少し離れた場所を指差す。源次郎の顔から笑顔が消え、鼻先を親指で右から左になぞると、そこに立っていた凌に向かって大股で歩き始めた。

源次郎の最後の直弟子である凌は、退職してから四年、一度も源次郎のもとに挨拶にきていない。凌は近づいてくる源次郎に向かって、あわてて頭を下げた。

「頭下げてねえで、ちゃんと面見せろ。それから手だ！」

凌は困惑した表情のまま顔を上げ、源次郎に手の平を見せた。源次郎は何かを確かめるような仕草で凌の手を握った。

「もう鋳物師《いもじ》の手じゃねえな。だが……いい手をしてやがる。職人の手だ。技を磨こうと、命をかけている奴の手だ」

そう言うと源次郎は、凌を優しく抱き寄せた。凌は少し驚いた後で、小さく嗚咽し始めた。

「それからな……遅せえよ会いにくるのが！　怒っているとでも思ったのか？　俺はいつだって、凌のこと応援してたんだぜ！」

「源さんに会っても恥ずかしくないように、ちゃんと一人前になってからって、思っていたから……すいません」しゃくり上げながら凌がこたえる。

源次郎が笑いながら凌の背中を、ポンポンポンと優しく三度叩いた。

7

「それで、楠木モータースさんの景気はどうなんだい？」

源次郎が賢一に酒を注ぎながら聞く。

「厳しいですね……本当に」賢一は吹っ切れたような表情を浮かべ、続ける。

「実は、楠木モータースは年内いっぱいで廃業しようかなと思っています。ごめん、祐二くんにはまだ話してなかったね。これ以上、赤字がかさまないうちに……もちろん、まだ完全に諦めたわけじゃないけど、頑張れて、あと半年くらいかな？」

「賢一さん、専門店をやりたいって言っていたじゃない。それは難しいの？」

岡田が尋ねる。

「専門店となると、それなりの台数を仕入れなきゃいけないし、ビンテージカーはそんなに売れるものでもないからね」

「ビンテージカー？」源次郎が聞く。

賢一は目の前のガレージに向かって歩き、シャッターを勢いよく持ち上げる。そこには磨き上げられたシルバーのグランドランナーが置かれていた。

「三十四年前に発売された初期型のグランドランナーです。亡くなった父は、この車の開発チームのメンバーでした。親父が作ったこの車を、少しでも長く、この世界に残すのが俺の夢なんです」

「これはすごい。まるで新車のようじゃねえか！　ちょっとエンジンルームを見せてもらってもいいかい？」源次郎は興奮気味に言う。

「もちろん」賢一が運転席に移動する。

源次郎は鮎川に目配せをすると、鮎川は頷いて源次郎の隣で、ボンネットの前に立つ。賢一がボンネットのロックを解除すると、源次郎はまるで宝箱を開けるように、ゆっくりとボンネットを押し上げる。エンジンルームの内部もピカピカに磨かれていた。

「この車の生産が終わったのは……」源次郎が賢一に聞く。

「はい。二十八年前です」

「この車の走行距離は？」

「十二万キロです」

「全部、分解して、きれいに磨き上げたんだね……」

「まちがいないですね、源さん」

黙ってエンジンルームを見ていた鮎川が源次郎に向かって言った。

源次郎が振り向く。

「グランドランナー初期型。この車のアルミ鋳造部品は片山鋳造製だ！」

「マジですか！」奥山が駆け寄ってエンジンルームを見る。

「部品、片山鋳造製だったんですね……。初期型グランドランナーは、部品のひとつまで、まるで神が宿ったような車だと称されてきました。このすばらしい車は、その本当の価値が分からない人たちによって、今、どんどんと廃車にされています。グランドランナーの専門店がやりたくて車屋になったんですけど、何十台も仕入れて並べられるほどの資金力を付けることはできませんでした。まともなグランドランナーは、オークションからもどんどん消えています。手遅れになっていっているんです……」

賢一はくやしさを滲ませた顔で言う。その賢一の言葉にこたえられる者はいなかった。

「あの……」沈黙を破ったのは凌だった。凌は続ける。

「まだ何かできることはないですか？　僕らがここで、この車に出会ったのも、何か深い意味があるような気がするんです。ね、遥さん！」

凌が遥をまっすぐに見る。全員が遥のほうを振り返る。遥は優しい微笑みを浮かべていた。

「マーケティングに魔法の杖はありません。でも、マーケティングは時々、奇跡を起こします」遥は言い切る。

「よし、ここで勉強会やろうじゃねえか。いいかい遥さん？」

源次郎の言葉に、遥は力強く頷く。戸惑う賢一と香織をよそに、メンバーたちは椅子を並べ始める。

「私たちが奇跡を起こすためには、差別化の真実を知っておく必要があります」

遥が胸のあたりを小さくポンポンポンと叩き、静かに語り始める。

遥が学んだ
マーケティング
理論
5

差別化が足りない！ ――前編――

さあハルカ、講義を始めよう。

今日の講義は「差別化の真実」についてだ。

いきなりだが、私たちはいったい誰のために差別化を行おうとしているのだろうか？

なぜかこの質問に対する正解率は高くない。多くの人はこの質問にこう答える。

「当社が競争に勝ち抜くためです」

差別化は競争に勝ち抜くために行うもの？　本当に？

だとしたら差別化は自分たちのために行っていることになる。それで本当に競争に勝てる差別化ポイントは作れるのだろうか？

マーケティングは視点を内向きにしたとたんに、成果が出せなくなる。

競争に勝つ・負けるは、顧客から選ばれるか・選ばれないかの先にある結果論に過ぎない。人々はすぐにその真実を忘れる。

もう一度、問う。差別化は誰のために行うべきか？

答えは簡単だ。

「差別化は顧客のために行うべきである」

このシンプルな原理原則を忘れてしまうところから、ビジネスの苦戦は始まる。

では、なぜ顧客のために差別化を行わなくてはならないのか？

それは、顧客がライバルの商品では解決できない問題を抱えているからだ。ライバルの商品では解決できないと嘆いている顧客に商品を売ろうとしているのに、ライバルと同じ商品を作ることや、ライバルの商品に少しだけ付加価値を付けて売ることは本当に正しいことなのか？

答えはＮＯだ。

だから、ライバルとは同じではない商品、ライバルでは解決できない問題を解決できる商品を作るべきなのだ。それが差別化の真実だ。

顧客から感謝されることの大切さは何度も話してきた。では、どちらの顧客に商品を売るほうが感謝される？

①ライバルの商品に満足している顧客
②ライバルの商品に満足していない顧客

答えは簡単だ。「②ライバルの商品に満足していない顧客」である。ならば私たちは何をすべきか？

ライバルの商品とは差別化された商品を売るべきである。

誰のために？　顧客のために。

ライバルと差別化するフレームは２つある。まずは、ライバルの隠された弱みをあぶり出す方法から試してみよう。

手順は次の通りだ。

①ライバルの自慢を書き出す
②それをネガティブなものに置き換える
③自社のあるべき姿を考える

フレームワークは学ぶものではない。自らの武器となるまで、何度も実践して身に付けるものだ。

誰でもいい、誰かをライバルだと仮定して、その自慢を書き出してみなさい。次にその自慢をネガティブなものに置き換える。あまり大きな声では言えないが、「悪口」に置き換えるのだ。今だけはそんな不道徳も大目に見てもらおう。

そして、そのネガティブなものを、自分たちならどうしたいのか？　今度は自分自身に聞いてみよう。「ならばあるべき姿は？」と。

8

「この場合、ライバルは誰に設定すべきなんですか？」賢一が遥に聞く。

「ライバルの正体は、お客さまの頭の中にある選択肢です」

「つまり、グランドランナーがほしいと思ったお客さまが、いったいどこで買おうと考えるかということですよね」岡田は補足して遥に確認する。

「その通りです。お客さまの頭の中に選択肢として思い浮かばないものをライバルに設定しても、あまり意味はありません」

「ならば、やはりライバルは地域の中古車販売会社……いや、今ならインターネットで一括検索できるポータルサイトや、大型店かな？」賢一がこたえる。

「ライバルが決まれば、次はそのライバルの自慢ですね」凌が言う。

「登録台数、おかげさまで日本一！　地域と価格を入力すれば一発検索！　どこよりも安い！」

奥山がスマートフォンに表示された、ポータルサイトや大型店のキャッチコピーを読み上げてから、画面をみんなに見せる。

「これを悪口に置き換えるわけですね……」

鮎川は自分の額を指先で小さく叩きながら言う。全員が静まり返る。

「ライバルは、仕入れた車をただ並べて売っているだけなんだけどね」香織が言う。

「そうなんだよ、それじゃ満足できないんだよな……」

「満足できない？」鮎川が賢一に聞く。

「グランドランナーのファンは、発売当時、二十代から三十代でした。今は五十代から六十代になっています。青春時代のあこがれの車を、子育ても終わって、夢を再び叶えるために購入しようとされるんです。そんな人たちが思い描いているのは、発売当時のキラキラ輝いていた新車のグランドランナーなんです。だからファンたちは、中古車屋でボロボロのグランドランナーしかないという現実を突きつけられて失望するんです」

「じゃあ、あるべき姿は？」源次郎が賢一に聞く。

「新車のようなグランドランナーを売る！　お客さまが思い描いてきた通りのグランドランナーを提供すること……」

賢一は夢見るような遠い目をしてこたえる。しかし、すぐに現実に引き戻され、諦めた顔で続ける。

「まあ、そんなことは、無理だと思うんですけど……」

「差別化のフレームワークには、まだ続きがあります。お話を続けてもよろしいですか?」

黙ってやりとりを聞いていた遥が言う。

「はい。ぜひ」賢一は姿勢を正す。

差別化が足りない！　―後編―

さあ、あるべき姿は発見できただろうか？

しかし、こう考えたかもしれない。

「あるべき姿は分かった。でも、どうすればそれを実現できる？」

フレームワークの力を信じない人は、そんなものは机上の空論だと言うだろう。ただの言葉遊びに過ぎないと言う人もいるかもしれない。ならばそう言わせておこうじゃないか。その考えの半分は正解なのだから。

このフレームワークで導き出せるあるべき姿など、机上の空論で、ただの言葉遊びに過ぎない。行動を起こすまでは。

フレームワークは行動を起こすツールではない。行動を起こせるのは人だけだ。ならば次に学ぶべきことは、あるべき姿を現実のものにするための、壁の突破方法だ。

そのためのフレームワークが差別化３ステップ法である。
手順は次の通りだ。

①捨てる
②正反対に置き換える
③それを支えるものを付け加える

補足しておこう。捨てるものは、ライバルの自慢だ。それはライバルの利点であり、特徴であり、基本機能である。絶対に捨てることができないと思い込んでいるものすべてだ。

それは慣習であり、常識であり、既成概念だ。そうしたものが実は顧客に不利益を与えてきたものの正体だ。

ライバルがあたりまえのこととしてやっていること、持っているものを捨てて、それを正反対のものに置き換えれば、今はまだないものが生まれる。差別化できる。だが、捨てることにより何らかの問題が生じる可能性もある。だからそれを支えるものを加えて、差別化戦略は完成する。

このフレームワークで生まれるものは、ありそうでなかったコンセプトの商品であり、サービスである。このシンプルなフレームワークは実践でこそ使える。

9

「捨てる……」賢一は考える。

「並べて売ることを……捨てる！」賢一は思わず叫び、勢いよく立ち上がる。

「専門店をやるためには、たくさん仕入れて、たくさん並べなければ売れないと、俺はずっと思い込んでいました。でも、違う。お客さまが本当にほしいのは、自分が思い描いていた理想の一台なんです！　それを探すために、できるだけたくさん並んでいる店に行くだけなんです。だから、売り手が本当に大切にすべきことは、並べることじゃなくて、理想の一台を売ることだったんじゃないですか?!」

「正反対に置き換えるものは？」奥山が賢一に尋ねる。

「まず全国のオークションで、お客さまの理想に近いベース車両を探すこと！お客さまから、どんなグランドランナーを購入したいのかを聞きます。走行距離は？マニュアル？　オートマチック？　色は？　ホイールは？　どこまで純正にこだわる？　次に全国のオークションでグランドランナーを探します。時間がかかってもいい。見つかったらお客さまに連絡をして、購入するかどうか決めてもらう。ここで売買契約を締結させていただく。仕入れたグランドランナーは、お客さまの要望を実現するために、徹底的に整備して、塗装して、新車みたいになるまで内装をクリーニングする。そうやって完成したグランドランナーを、お客さまに直接陸送でお届けする」賢一は一気に喋る。

「それを支えるものは、賢一さんのグランドランナーにかける想いですよね。お父様が開発チームのメンバーとして携わったこの車を、少しでも長くこの世界に残したいという想いは誰にも負けないはずです」鮎川が興奮気味に言う。

「たしかに、この車のファンならそんなやつから買いたいと思うだろうな」源次郎がこたえる。

「このビジネスモデルなら、ターゲットは日本全国でいけるよね」

岡田が賢一に聞く。

「そう、そうだね。店にグランドランナーが並んでないなら、店にきてもらう意味はないものね」賢一が言う。

「同じことをやっている会社は……なさそうです」奥山がスマートフォンを見ながら言う。

「あれがグランドランナーのファンにとっての究極の一台だろうな……」

源次郎がガレージの中のグランドランナーを指差す。

インターネット中古車専門店ホームページ
「並べて売ることを捨て理想の1台のみを掲載」

↓ インターネット検索連動型広告

① お客さまの理想の1台を聞く

↓

② オークションで探す

↓ 理想の1台が見つかるまで探す

③ オークションで見つかったらお客さまに連絡

↓

④ 契約

↓

⑤ 理想の1台に仕上げる（鈑金・塗装・整備・清掃）

↓

⑥ 日本全国陸送で届ける

「この車を理想の一台の事例として写真に撮って、ホームページに掲載すればいい。その上で、あなたにとっての理想の一台を、まずはメールフォームか何かで詳細に聞いて、それからメールや電話でお客さまと話し合いをして、最終的な姿を決めればいいのかも。理想の一台を示せば、お客さんもきっと、もっとイメージしやすいよね」賢一が言う。

「メールフォームには、お客さまに理想の一台を提供するため、たくさんの質問項目を作ってください」遥が言う。

「遥さん、メールフォームはシンプルにするのが鉄則じゃあないんですか？」奥山が聞く。

「それは誤解です。たしかに何らかの無料のオファーと引き換えに、メールアドレスを集めて、それから顧客育成、つまり、ナーチャリングを行うような場合には、メールフォームはシンプルなほうがいいかもしれませんが、他では解決できない問題を抱えている方、特別な体験を求めている方から問い合わせを受ける場合、売り手が顧客に対して、できるだけたくさんのことを自由に書き込めるようにしておくことで、お客さまとの信頼関係を築くことができます」遥が即答する。

「なるほど」岡田が感心して言う。

「でも、もうひとつ大きな問題があります……」

全員が賢一に注目する。賢一は続ける。

「もし、ガレージのグランドランナーと同じものを作ったら、おそらく総額では二百万円近くになるかもしれません。数十万円で手に入る車体が、本当にそんな価格で買っていただけるものなのでしょうか?」

「たしかに安い商品だけが大好きな顧客もいます。でも、そうではないお客さまもいます。他では提供されていない価値があるなら、それを認めてくれるお客さまは、いらっしゃると思います。そうしたお客さまは、心から感謝して、たとえ高額でも購入してくださいます。顧客には多様性があります。すべてのお客さまが、同じ価値観で購買行動をしているわけではありませんが、お店が安いことを主張して顧客を集めると、おのずと安い商品だけが好きな人が集まってきてしまいます」

遥が賢一に向かってゆっくりと説明をする。

「現状の楠木モータースに中古車を買いにきてくれているお客さまを思い浮かべてみると、ほぼすべての方が安価な軽自動車を探しているような気がします。でも、そうしたお客さまを俺たちが集めてしまったということですね」賢一が言う。

「私たちがやろうとしていることが、本当にお客さまにとって価値があることなのかどうかは、テストしてみることができます」遥は続ける。
「テストですか？　どうやって？」
「賢一さんがお考えになったビジネスモデルには、ほとんどリスクがありません。
また、この車に興味がある人は、インターネットで車名や型番などで検索すること
が容易に想像できます。ならばテスト販売用のホームページを作り、検索連動型の
インターネット広告を出稿し、販売テストを実行してみます。検索連動型広告を用
いた販売テストなら、市場に受け入れられるかどうかのテストを、短い時間で行え
ます。この販売テストにかかる費用は、ホームページの制作費と、少額の広告費だ
けです」遥が賢一に言う。
「販売テストとは言え、ホームページを公開するということは、グランドランナー
専門店を始められるということですか？」賢一は驚く。
「はい。その通りです。グランドランナーを何台も仕入れることも、並べて売る
ことも、看板を作ることも、何も必要ありません。なぜなら、そうしたことは、お客
さまが求めている、本当の願いとはまったく関係がないからです」遥は言い切る。
「それ！　ディープ・プロブレムですよね！」奥山が叫ぶ。
「あの、ホームページの制作、僕にやらせてください。賢一さんたちには機材車の

バンクス号を格安でゆずっていただいて、いつもメンテナンスも無償で行っていただいて……。ぜひ恩返しさせてください」凌が言う。

「よろしければ、私が写真を撮らせていただきます！」

鮎川が自慢の一眼レフをかかげて言う。

「はい！　はい！」奥山が小学生のように手を挙げる。

「僕に検索連動型広告の設定をやらせてください！　営業にいた時に新規顧客開拓に使えないかなーって、勉強したことがあります！」

「みなさん、本当にありがとうございます」

賢一と香織が深く頭を下げる。

4章　商品開発とホスピタリティ

1

月曜日。マーケティング室が設立されて、四週目。遥のインターンシップがスタートして二週目の最初の一日が始まろうとしていた。

遥はすでに自分の席に座って本を読んでいた。

「おはようございます。遥さん、早いですね。土曜日はありがとうございました」

遥は読んでいた本を閉じると、立ち上がり岡田に向かって丁寧に頭を下げた。

「おはようございます、岡田さん。土曜日ははじめての経験ばかりで、本当に楽しかったです」

「何を読んでいるんですか?」

「生物学の権威、エドワード・オズボーン・ウィルソン先生の『アント・ワールド〜アリの世界の物語〜』です」

遥は本の表紙をうれしそうに見せる。

「遥さんは本当にアリが大好きなんですね?」

「はい。アリには、まだまだ、たくさんの謎があります。なぜ三割のアリは働かないのかが明らかになったのも、わずか数年前のことです」

「あ！　働かないアリがいることは僕も何かで読んだことがあります！　働くアリだけ残してコロニーを作っても、また三割のアリは働かなくなるんですよね」

「そうなんです。働かないアリは、他のアリが疲れて働けないときに、代わりに仕事を行う役割を持っていることが分かったそうです。短期的には効率を下げてしまうけど、働かないアリを確保することで、アリは一億四千万年も滅びることなく、繁栄を続けてきたのかもしれません」遥は少し興奮気味に楽しそうに話す。

「なるほど！　働かない三割のアリは交代要員だったのか！」

「おはようございます！　あれ？　あれ？　二人で何を楽しそうに話してたんですか？」出社してきた奥山が、笑いながら二人をからかった。

2

始業のチャイムが鳴ると、全員が黒板の前に椅子を移動して集まってくる。

「土曜日は本当にありがとうございました。凌は翌日も、賢一さんと打ち合わせをしてきたようです。鮎川さんに撮影していただいた写真、本当にかっこいいって喜んでいました」

鮎川は岡田の話を聞いて、うれしそうに頷く。

「専門店について、みなさんと一緒に議論できたのは本当に勉強になりました。楠木モータースさんに負けないように、私たちも、やるべきことを早く見つけたいですね」鮎川が言う。

「検索連動型の広告ですが、アカウント設定はすべて終わりました！ ホームページが完成して審査が終われればいつでも出稿できます！ それから、ついでに片山鋳造のアカウントも作成しておきました！ まだ使い道は決めてないけど……」

「さすが切り込み隊長、仕事が早いな」源次郎が奥山の肩をポンと叩く。

「さて、今日の勉強会なんですが、新商品開発をテーマに、遥さんにお話をしていただきたいと思います。僕たちは土曜日にグランドランナー専門店のアイディアが生まれる瞬間に立ち会うことができました。ライバル攻略の3ステップ法、差別化3ステップ法を、リアルに学ぶこともできました。次はいよいよ僕らの番です。じゃあ遥さん、よろしくお願いします」

遥は黒板の前に立ち、胸のあたりを小さく叩いてから、静かに語り始める。

「新商品開発において、とても大切な原理原則があります。それは、お客さまが求めているのは、新技術ではないということです」

遥が学んだ
マーケティング
理論
6

新商品が足りない！

さあハルカ、講義をはじめよう。

今日の講義は「新商品開発」についてだ。

新商品開発には落とし穴がある。製造業はその落とし穴によく落ちる。それは、新技術という落とし穴だ。

企業が新商品を開発する時に、飛び交う言葉がある。それが新技術だ。多くの開発現場では、ライバルにはない新技術を商品に導入することで、競争に勝てると考える。そして、新技術の開発に邁進する。

だが、それはあまりうまく行かない。新技術の開発に経営資源が奪われ、開発は遅々として進まず、ライバルには出し抜かれ、経営者は自社の尊厳が損なわれたと怒り出す。ようやく開発が完了しても、量産段階で不具合が頻発する。やがて会社全体で戦意を失う。

世界中でそんなことが起きている。つまり、落とし穴に落ちているのだ。思い出してみよう。顧客は何のために商品を購入するのか？

その答えは「自らが抱える問題を解決するため」である。**顧客が本当にほしいのは、商品ではなく、技術でもなく、問題解決手段、ディープ・プロブレムの解消である。**

ならば、技術とは何か？

それは問題解決策の選択肢のひとつに過ぎない。新技術も発明も、実は問題の解決策の先にあるものに過ぎないのだ。

まず重要なことは、工夫から始めることである。ジャンプをするのではなく、軸足を置き片足を上げて大きく開くのだ。あらゆる工夫を考え尽くして、それでも解決できない課題が残された時に、いよいよ新技術の出番である。いずれにしろ工夫の先には発明がある。開発においてまず工夫を志向することに何のムダもない。

もちろん、新技術の開発は重要なことだ。未来のためには必要不可欠な投資だろう。何の役に立つのか分からないと揶揄された大学の研究が、思いがけない分野で、社会を変えるほどのインパクトを与えることもある。

だから、研究投資は大切だ。しかし、ビジネスがまず優先すべきことは、顧客の問題解決に寄与することだ。できるだけ早く。なぜならそれがビジネスのアイデンティティ、存在意義そのものだからだ。

ライバルの商品では解決できない問題を抱えて困っている顧客を待たせてはいけない。

新技術の研究と並行して考えてみるべきことがある。

それは次の3つだ。

①保有している技術を他分野に応用できないか？
②保有している技術に、ほんの少しの工夫を取り入れられないか？
③保有している技術に、他の人が持っている技術を組み合わせることはできないか？

もちろんその目的は、ライバルでは解決できない問題を解決するためである。それ以外の理由でこんなことを考える必要などない。

今ある技術の延長で考えられた商品を、つまらない商品だと揶揄する人がいる。だが、本当にそうだろうか？

同じような商品に見えても、顧客の視点では、全然違う商品であることは少なくない。顧客にとってただひとつ、他社では解決できなかった問題を解決することができる商品であれば、それは唯一無二の差別化された商品に他ならない。

もしかしたら答えは目の前にあるかもしれない。

3

「答えは目の前にある……か。片山鋳造にそんなものあるんでしょうかね？」

鮎川が頬杖を付く。

「あ！」奥山が叫ぶ。

「僕、見つけちゃったかもしれません。新商品！」

一同が身を乗り出して奥山を見る。

「オステリア・ダ・カミキで見せてもらった源さんのフライパン」

「いや、あれはだめだ。あのフライパンは特殊だからな」

源次郎は右手を顔の前で左右に振りながら即答した。

「特殊？」

「放熱性能を極端に強化しているんだ」

「フライパンの放熱性能を強化するとどんなメリットがあるんですか？」

「もともと、アルミ製のフライパンはすばやく熱が均一に伝わることが特徴だけどな、加えて放熱性を強化すると、火加減が自由自在になるそうだ。例えば、絶品の卵料理が作れるって神木さんは言っていたな」

「なるほど。卵料理が美味しく作れるフライパンってことですね。……それってやっぱり売れませんか？」岡田はみんなに向かって尋ねる。

一瞬、メンバーたちは考える。

「僕らは捨てるってことを学んだじゃないですか？　捨てれば差別化できますよね？」岡田は遥に聞く。

「今あるものを捨てて、それを逆転することにより、今ないものが生まれます。差別化することができます」遥がこたえる。

「じゃあ、すべての料理に使えるフライパンであることを捨てるっていうのはどうですか？　正反対に置き換えたものは、卵料理に特化すること。絶品の卵料理を作れるフライパン。それを支えるものは、神木さんと源さんが長年かけて研究を重ねてきた、強化された放熱性能」岡田が言う。

源次郎がまんざらでもない顔で、親指で鼻先を右から左にこする。

「まさに逆転の発想ですね」鮎川が言う。

「しかたねえ。じゃあこれから、みんなで話を聞かせてもらいに行くか？」

源次郎は立ち上がる。

4

「イタリアンの料理人にとって、アルミ製フライパンはまさに命です。もちろん、鉄製のフライパンのほうが美味しく作れる料理はあります」

源次郎の急な連絡にも関わらず、神木はメンバーの来訪を歓迎してくれた。

「アルミ製フライパンの特徴は、熱反応が早く、軽いことです。同時に放熱も早いわけで、余熱でじっくりと焼くような料理には適しません。フライパンを振る料理、そして、卵料理のように、火加減が大切な料理には最適ということになります。源さんと一緒に開発した、熱しやすく、冷めやすいフライパンは、火と戯れるように最高に楽しく料理が作れるんです」

「熱しやすく、冷めやすいなんて！　まるで恋のようですね！」

奥山が少しおどけた口調で言う。

「えっ！　恋とはそういうものなのですか？」

遥が目を丸くして奥山を見つめる。

「いやいや、遥さん、照れるから真顔でそんなこと聞かないで……」

「なるほど、つまり、こいつは『恋するフライパン』ってわけだな」

源次郎が笑いながら言う。

「源さん、そのネーミングすごくいい！　商品名、それにしましょうよ！」

鮎川が笑う。

「卵料理は火加減でそんなに美味しさに違いが出せるものなんですか？」

岡田が聞く。

「もちろん。ではいくつか作ってみましょう。まずは目玉焼きから。目玉焼きは日本人が最も好きな卵料理だといわれています。油をひいてフライパンに卵を落として焼くだけですが、蓋をする人・しない人、水を入れる人・入れない人。火加減に関しても、人によります。意外に目玉焼きの作り方はさまざまなんです」

厨房に移動し、神木はフライパンをコンロに置くと火を付ける。

「中火にかけます。油をひいて、フライパンの底面が温かく感じられたら……このフライパンはすばやく、そして、均一に温まります。卵をそっと入れます」

神木はフライパンを一旦、コンロの火から外す。

「今、フライパンの温度が下がっています。フライパンの温度を下げずにそのまま焼いてしまうと、黄身よりも先に白身に火が入りすぎてしまい、焦げ付いてしまうんです。白身が固まってきたら、一度、全体の温度を下げて、あとは弱火で焼くだけで、絶品の目玉焼きが作れます。料理人の中には、濡布巾で底を冷やしている人もいますが、このフライパンならそんなことをする必要もありません」

神木は再び弱火に調整したコンロの上にフライパンを戻す。

「さあ、できました。試食してみてください」

神木が調理してくれた目玉焼きは本当に美味しかった。

5

「一般向けに販売するなら、フライパンそのものだけでなく、レシピも必要だと思います。特に源さんのフライパンは、調理方法が普通のフライパンとは少し異なりますから」

「神木さんは、レシピの制作にご協力いただけますか？」岡田が聞く。

「もちろん！　でも、レシピはイタリアンだけでなく、家庭料理も取り入れたほうがいいと思います。実は先日、レシピサイトの依頼で、投稿者のレシピの審査をしたのですが、かなり本格的に卵料理を研究されている一般の方がいらっしゃって、僕もそのレシピでいくつか作ってみましたが、どれも美味しかったです」

「その方と連絡を取ることはできますか?」岡田が聞く。

「レシピサイトの運営会社を通して連絡してみます」神木がこたえる。

6

「恋するフライパンのマーケティングプランを、マーケティングピラミッドでおさらいしてみましょう」岡田が言う。

片山鋳造に戻ったメンバーはさっそく、恋するフライパンのマーケティングプランの確認に入った。

「まずは大戦略である、誰に何を売るかですね」

「恋するフライパンの商品コンセプト、つまり、解決する問題は、美味しい卵料理を失敗なく作れるということですよね」奥山が言う。

「んー」鮎川がうなる。

「美味しい卵料理を失敗なく作れるという問題解決はその通りなんですけど、恋するフライパンには、もっと何かこう、ワクワクするものがあるんじゃないかなと思うんです」

「たしかに。神木さんは、恋するフライパンで料理することの『楽しさ』について言及されていましたよね。僕は美味しい卵料理が作れなくて困っていたわけではないけど……この恋するフライパンで料理してみたいと思いました」

岡田がこたえる。

「コンセプトには問題解決に加えて、あと二つの要素があります」遥が言う。

遥が学んだマーケティング理論
7

コンセプトが足りない!

さあハルカ、講義を始めよう。

今日の講義は「コンセプト」についてだ。

マーケティングピラミッドの最頂点は大戦略だ。大戦略とは誰に何を売るのか? 「誰に」がターゲットで、「何を」がコンセプトとなる。

コンセプトとは問題解決である。顧客は何らかの問題を抱え、それを解消するために商品を購入する。これが基本的な考え方であることはすでに覚えたね。そう、ディープ・プロブレムだ。だが、コンセプトは問題解決という言葉だけでは説明が難しいこともある。問題解決に加えて覚えておくべき2つのコンセプトについて話しておこう。それが、

①「特別な体験」
②「価値観の一致」

である。

例えば、レストランで食事をすること、スカイダイビングを体験すること、秘境ツアーに参加すること、世界最高峰のオーケストラの演奏を聞きに行くこと。これらを「問題解決」という切り口だけで説明するのは困難だ。そこで登場するのが「特別な体験」である。

人は特別な体験の期待で商品を購入する。そして、今後さらにその傾向が強くなることが予測されているのが「価値観の一致」である。

これからは、商品の機能やサービスの内容だけでなく、価値観が自分と一致するか否かで選ばれるようになってくるだろう。例えば、デザイン、エコロジー、イデオロギー、そうしたことに対する売り手のスタンスが、**自分の価値観と一致するのか、価値観を共有できるのかで商品が選ばれる時代がすでに到来している。**

7

「なるほど！　すごく腑に落ちました。こうして考えると、バンクスや、楠木モータースのグランドランナー専門店のコンセプトはまさに、問題解決であるのと同時に、特別な体験であり、価値観の一致ということになりますね！」岡田が言う。

「たしかに今までの片山鋳造の仕事は、問題解決オンリーだったからな。恋するフライパンを成功させるためには、もっと特別な体験に目を向け、届けるべき価値観を明確にすべきだな」源次郎が頷く。

8

翌日の昼休み。マーケティング室のメンバーは、公開されたグランドランナー専門店のホームページを見ていた。ホームページに掲載されている車は、鮎川があらゆる角度から撮影した理想の一台のみ。

店長挨拶にはグランドランナー専門店に懸ける、賢一の想いが綴られていた。渾身の文章だった。奥山が設定した検索連動型広告の審査も終了し、昼前から広告の表示が開始されていた。

「グランドランナー」で検索すると、自然検索の上に広告が表示される。広告掲載順位は二位。検索連動型広告は、二つの大手の中古車販売ポータルサイトに挟まれて表示されていた。

「遥さん、広告がライバルに挟まれちゃってますけど、これはマズイですか？」

奥山が恐る恐る尋ねる。

「いいえ。この状況はむしろ、理想的だとさえ言えます。広告文の段階でライバルとの差別化ポイントが主張できますから」

「たしかに、ライバルの広告文が『在庫数五十万台』なのに、我らのグランドランナー専門店は『私たちは在庫を持ちません。あなたが思い描いたグランドランナーをプロの目利きで探します』ですものね」

「このコンセプトが本当に正しいのかどうかは、販売を通したテストを行えば数週間で明らかになると思います。早ければ今日にも、その結果が見えてくると思います」

「グランドランナー専門店のホームページはまさに、問題解決、特別な体験、価値観の一致、の三つのコンセプトが見事に言語化されていますね」

奥山がうなる。

グランドランナー専門店の広告はその日、六十回クリックされ、一日の広告予算として設定した三千円を消化した。最初の依頼が届いたのは、その日が終わろうとしていた、午後十一時五十八分だった。メールフォームの質問項目はすべて埋められ、備考欄には見込顧客のグランドランナーに対する想いが長文で書き綴られていた。

「こんな専門店が現れるのを、僕はずっと待っていました！」

長文のメッセージはそう結ばれていた。

9

「すいません。お約束をしておきながら、父に急用ができてしまって……」

浩史は頭を下げる。

「いえいえ、こちらこそ定休日に押しかけて申し訳ありませんでした。試作品は置いて行きますので、また改めてご意見をお聞かせください」

「承知いたしました。父にもそう伝えておきます」

浩史は申し訳なさそうに、恋するフライパンの試作品を受け取った。

「では、失礼します」

「あの。もし、よろしければ、少し教えていただきたいことがあるのですが……」

立ち去ろうとする岡田と遥を、浩史は呼び止めた。

浩史はテーブルの上に何冊かのマーケティングの書籍を重ねた。その本にはたくさんの付箋が付けられていた。

「オステリア・ダ・カミキは、この数年、来店客が減っていて、実は今、かなり経営が厳しい状況です。父は集客にはまったく興味を持ってくれなくて。私もマーケティングの書籍を買って読んでみたんですが、何から手を付ければいいのか、かえって分からなくなってきました。厚かましいお願いなんですが、マーケティングに詳しいお二人から、何かヒントをいただけないものかと……」

「オステリア・ダ・カミキの料理はどれも本当に美味しいです。価格もリーズナブルですし、店の雰囲気も、立地も決して悪くありませんよね」岡田が言う。

「はい。お店の雰囲気や価格帯と、ターゲット層にギャップはありませんし、料理はどれも、すごく美味しかったです」遥も頷きながら言う。

「ありがとうございます。でも、レビューには結構厳しい意見も書き込まれています」

三人は、改めてオステリア・ダ・カミキのレビューを読んでいく。

「レビューをざっと読むと、接客面にやや課題がありそうですね」岡田が言う。

レビューは高評価と低評価に二分されていた。

「オステリア・ダ・カミキはSNSもやっていませんし、マーケティングや集客に関して、ほとんど何もやってきていません。やはりSNSとかから始めるべきなんでしょうか?」

「たしかに、飲食店においてSNSの活用は、新規顧客獲得の面で不可欠になりました。飲食店を検索する場合に、ポータルサイトやキーワード検索ではなく、写真投稿系のSNSが利用されるようになってきています。でも、オステリア・ダ・カミキには、新規顧客獲得よりも先に行うべきことがあります」

遥がまっすぐに浩史の目を見て、ゆっくりとした口調で続ける。

「ネガティブなレビューは、やはり集客において影響は少なくありません。改善すべき部分があるのなら、改善をしておかないと、いつまでもお客さまを安定的に増やすことはできません」

「レビューを読まれて、まず何を改善すべきだと思われましたか?」

浩史は遥に聞く。

「はい。ホスピタリティです」遥が言い切る。

ホスピタリティが足りない

さあハルカ、講義を始めよう。

今日の講義は「ホスピタリティ」についてだ。

結論から言えば、ホスピタリティは、まちがいなくビジネスに好影響を及ぼす。特にレストランやホテルなどの接客業では、その好影響をダイレクトに受け取ることができる。つまり、ホスピタリティを向上させることができれば、顧客は何度も来店してくれ、いかにこの店が素晴らしいかを、SNSに写真や動画を添えて紹介してくれる。さらに友人に店を紹介し、大切な人をそこに連れて行きたくなる。

そう、ホスピタリティの向上は、レストランやホテルなど、リピーターに支えられる店舗系ビジネスでは最重要課題だ。

ホスピタリティは決して問題解決や特別な体験、価値観の共有など、店舗が顧客に提供するサービスのおまけなどではない。サービスそのものであることを忘れてはいけない。

では、どうすればホスピタリティを顧客に感じてもらえるのか?

実はそう難しくない。たったひとつのルールを守るだけでいい。それだけでホスピタリティは向上させられる。

「顧客を大切な存在として対応しなさい」

行うべきことは、ただそれだけだ。

顧客は料理を食べにきた人ではない。部屋を借りにきた人でもない。それは大切にされるべき、ひとりの人間である。

すべての人は自分を大切な存在として対応してもらいたいと願っている。すべての人がだ。

カスタマーレビューを分析してみると分かる。ネガティブレビューの多くは、いかに自分が大切に扱われなかったのかについて書かれている。料理が冷めていたことに怒っているのではない。**どうでもいい存在として扱われたことに怒っているのだ。**もし、特別な人、大切な人が来店したなら、絶対にそんなミスは犯さないはずだ。だからこそ真の怒りは料理の温度ではなく、料理を提供した人の、自分に対する評価の低さにある。

さらにそれをカスタマーレビューとして公開したり、ネガティブな口コミを周りの人に伝え続けたりするのにも理由がある。自分と同じような気持ちになる被害者を出さないため？　だが、それはあくまでも表面的な理由だ。

本当の理由は、**自尊心の回復**である。

「自分はそんなひどい扱いを受けていい人間のはずはない。もっと大切に扱われるべきかけがえのない存在だ。私には非はない。すべてはあの店が悪いのだ」

それを自らに言い聞かせるために不満を人に伝えているのだ。この考えは表裏だ。人は自分が大切な存在として扱われた時にも、同様にそれを誰かに話したくなる。SNSで発信したくなる。私はこんなにも大切に扱ってもらえる、特別な存在なんですと。

人間とはなんと面倒な生き物かと思うかもしれない。だが、接客ビジネスというのは、人の尊厳という重大な問題に関わっていることを決して忘れてはいけない。

さて、顧客を大切な存在として対応する、具体的な方法を伝えておこう。

何も特別なことをする必要はない。顧客のわがままをすべて受け入れる必要もない。クレーマーの理不尽な要求にこたえる必要などまったくない。

来店した瞬間から歓迎の意を、表情と言葉で伝えること。数秒たりとも顧客を入口に放置してはいけない。その瞬間がどんなに忙しくてもだ。

席に通してからは定期的にその表情を確認する。店に不満を持ちながら、屈託のない笑顔で会話できる人はいない。また、不満がある顧客とは必ず目が合う。対応に不満があっても96パーセントの顧客はそれを直接、店側に伝えてこないというデータもある。小さな不満を小さい時に積極的に解消することで、顧客の中には大きな満足が生まれる。常に困難とチャンスは表裏だ。

さらに、**店側が秘密のオプションを用意して、顧客にサプライズを与えると、**そこには感動が生まれる。例えば、食後に小さなケーキを無償で提供するとして、それを秘密にしておけば、サプライズになる。シェフがケーキの並んだ大きなシャトートレーを顧客の前に掲げ、「今日、私の店にご来店していただいた記念に、お好きなケーキを私からプレゼントさせてください」と笑顔で言えば、それは顧客にとって忘れられない思い出になる。

顧客が感動してくれた出来事は、その日のうちにスタッフで共有して、秘密のオプションにさらに磨きをかけるのだ。

常に大切な存在として気にかけてくれることで顧客は大きな満足感を得る。まったく期待していなかった特別な対応をしてもらえると、顧客は感動するだろう。

そして、大切なこと。**それは顧客にリピーターになってもらうことだ。**

そのための条件は、

①顧客の初回の来店時に、思い出になる出来事を作ること
②2回目以降の来店の際に「いつもありがとうございます」と言えること
③3か月以内に3回来店していただくこと

この3つである。

10

「オステリア・ダ・カミキの改善点が見えてきました。改善点があるということは、まだ復活のチャンスがあるということですものね」浩史が言う。

「はい。その通りだと思います」遥がこたえる。

「高評価のレビューはお店の味について、低評価のレビューは接客に関するものが中心ですから、まずは接客を見直していけば、状況は変わるかもしれませんね」

岡田が浩史に言う。

「正直、低評価のレビューを書き込む人は、みんなクレーマーだと思っていました。でも、違っていたんですね。お客さまは、きっと傷付いたんじゃないかなと思って、改めてレビューを読んでみたら、レビューの見え方も変わってきました。思い当たることがあります。とりあえず明日からしばらく、僕自身がフロアに立ってみたいと思います。今日はありがとうございました。またぜひアドバイスをください！」

「もちろん！　ところで浩史さん、この後、予定はありますか？」

岡田が浩史に聞く。

11

駅前広場に到着するとすぐに、あわただしく路上ライブの準備をしているバンクスのメンバーの姿が目に入った。

バンクスを取り巻く状況は確実に変わり始めていた。すでにファンと思われる人たちが二十人以上集まり、楽しそうに会話をしていた。ファン同士の交流も始まりつつあるようだ。

「すごい人気なんですね」浩史が言う。

「一週間前までは、そうではありませんでした」

「え？　本当に？」

「ライブが始まると、もっと人が集まってくると思いますよ。彼らのマーケティングの課題と、オステリア・ダ・カミキの課題は実はとてもよく似ています。僕も今日、遥さんの話を聞いて改めて気づきました。そうですよね、遥さん」

「はい。バンクスとオステリア・ダ・カミキは同じ課題を持っています」

バンクスが音出しをして音響のチェックを始めた。ほどなくしてバンクスの前には数十人の人垣ができた。遠巻きに見ていたファンも続々と集まってきた。それを見た通行人も次々に立ち止まる。一気に百人を超える人垣ができる。

「先輩！　遥さん！　きてくれたんですね、ありがとうございます！」

演奏を終えた凌が三人に駆け寄ってくる。凌は浩史に気づき会釈をする。

「新商品の開発でお世話になっている、神木浩史さん」岡田が紹介する。

「神木です。すばらしい演奏でした。心に響く歌でした。元気をいただきました」

「ありがとうございます。そう言っていただけるのが本当にうれしいです」

浩史は手を差し出し、凌はそれをにぎり返した。

「そうだ！　先輩、遥さん、これ作りました」

凌は二つ折りの名刺サイズのカードを差し出す。カードの表紙にはバンクスのロゴがデザインされ、その下には持ち主の名前を書き込めるようになっている。カードを開くと左側には「今、あなたが頑張っていることを教えてください」と書かれている。そして、その右側にはスタンプが押せる枠が並んでいた。

「ロックバンドがスタンプカードって面白くないですか？」

「すっごく面白いです！」遥がスタンプカードを掲げて叫ぶ。

「どうしたら僕らを応援してくれている人を見つけられるのか、どうしたら『いつもありがとう』って言えるのか……メンバーで知恵をふりしぼったんです。それで僕らが思い付いたのが、この超アナログなスタンプカードだったんです」

「たしかにスタンプカードを持っている人は、つまりリピーターだってことだよな」岡田が言う。

「僕らの路上ライブを見に来てくれている人の中には、いつもひとりで、すみっこのほうで応援してくれている人もいます。そんな人と、もっと仲よくなれる方法はないか、声をかけてくれるきっかけを作れないかって考えていたら、スタンプカードのアイディアが降りてきました」

「あなたが頑張っていること……このカードがあれば、お客さまとの共通の話題も作れますね」

浩史がもらったばかりのカードを見ながら感心する。

遠くから地元の高校の制服を着た女の子が遠慮がちに近づいてくる。

「あの、凌さん、スタンプもらってもいいですか？」

女の子がスタンプカードを差し出す。

「もちろん！」

凌はスタンプカードを受け取り、表紙と中を確認する。

「お！　今日で三回目なんだね。サキちゃん、いつもありがとう。受験勉強は進んでる？」

凌はスタンプカードに「山崎」の印鑑を押しながら聞く。

「はい。凌さんの歌に力をもらいながらがんばっています！　バンクスもワンマンがんばってください！　私、絶対に行きます！」

「ありがとう！　サキちゃんも、がんばれ！」

女の子は岡田たちにも小さく会釈をして、弾むような足取りで駅に向かって走っていく。

「何か幸せそうだったね」岡田が言う。

「今、本当に幸せなのは、僕らのほうです」

凌は駅に駆けていく女の子の後ろ姿を見つめながら言う。

12

「片山鋳造株式会社、岡田と申します」

玄関先で野崎正美に名刺を渡す。正美は微笑みながら、小さくお辞儀をし、岡田の名刺を両手で受け取る。

「彼女は当社のインターンシップに参加している小橋です」

「小橋と申します。よろしくお願いします」

正美は微笑みながら、遥に向かって小さく頭を下げる。

「インターンシップって何？」

奥から六歳くらいの女の子がやってくる。

「すいません。娘のさくらです。さくら、ご挨拶は？」

「インターンシップって何ですか？」岡田に向かって同じ質問をする。

「えっと、インターンシップはね……」

小さな子どもにインターンシップをどう説明すればいいのか迷っていると、遥がしゃがんでさくらと目線を合わせながら、説明を始める。

「インターンシップとは、特定の職種の経験を積むために、企業や組織で労働に従事している期間のことです。インターンシップに応募して、職業体験をしている人をインターンと言います。私は片山鋳造という会社が募集していたインターンシップに応募して、実践的なマーケティングを学ばせていただいているインターンです」

遥の言葉を聞いたさくらは、じっと遥の目を見つめると、ペコンと頭を下げて、うれしそうな表情で去っていった。

「メールでもご説明しました通り、現在、当社で開発を進めている、熱しやすく冷めやすいフライパン、恋するフライパンを使用した、卵料理レシピを考えていただけないでしょうか」

「試作品を使ってみました。本当に料理するのが楽しくなるフライパンだと思います。でも、レシピを作るのは、素人の私なんかで大丈夫なんですか？」

「オステリア・ダ・カミキの神木シェフからも、野崎さんの考案された卵料理レシピは絶品だとお墨付きをいただいています」岡田がこたえる。

「投稿されているレシピは、どうして卵料理ばかりなのですか？」

「実は、さくらは色々なことにとてもこだわりが強くて、一年前から、卵料理しか食べなくなってしまって。それで色々と試行錯誤しているうちに……です」

正美はリビングで本を読んでいるさくらのほうを見ながら言う。

遥は「えっ！　えっ！」と小さな声を上げた。遥はいきなり立ち上がり、正美にことわることもなく、さくらに向かって歩いていく。

「え？　ちょっと遥さん！」

「さくらさんも、その本を読んでいらっしゃるのですか？」

遥は自分のバッグの中から『アント・ワールド』を取り出してさくらに見せる。

さくらは自分の本から目を離して、遥を見上げると笑顔で話し始めた。

「アリが築く社会は、形式や多様性の面から見ても、人間社会に引けを取らない驚くほどの豊かさがあります」

「本を丸暗記しているだけです。さくらは、漢字も読めるみたいなんですけど、字はまったく書けません。同じくらいの年齢の子どもたちとも、コミュニケーションがほとんど取れなくて……」正美が言う。

遥はさくらの隣に座り、本を覗き込みながら、何かを話している。

「遥さん！」岡田は声をひそめながら遥を制止しようとすると、正美は岡田にかぶりを振る。

「さくらが家族以外であんな風に誰かに心を開くのを、今まで見たことがありません。もう少し、この光景を眺めさせてもらえませんか？」

正美は目を細めて、遥とさくらを見つめていた。

5章　新型企業病と普及論

1

「岡田室長、今、お忙しいですか？」

険しい顔で書類を見つめていた鮎川が、顔を上げて話しかけてきた。

「少しご意見をお伺いしたいのですが……遥さんにも」

その日、奥山は市場調査のために外出し、源次郎は第一工場で恋するフライパンの試作を繰り返していた。三人は打ち合わせ用のテーブルに移動した。

「この書類をご覧ください」

「これは……奥山くんがミスをした大山機械さんの生産依頼書ですね」

「三年分の新規案件を調べていて見つけました。これを見ると、奥山くんが当時、どんなミスをしたのかが分かります。でも、本当の問題はこちらの書類なんです」

「生産依頼書の付属書ですね……すごい。びっしりと書き込みがされていますね」

「大山機械さんが発注した部品の使用目的から、何を期待して今回の発注に至ったのかまで図解も入れて詳細に書き込まれています」鮎川が続ける。

「この付属書には、奥山くんの当時の上司である第二営業部の部長はもちろん、生産部や生産管理部の責任者も押印しています。この付属書をちゃんと読んでいたなら、奥山くんのミスに気づけたはずです。六人も押印していて、誰も気づかないなんて……」鮎川が眉間に皺を寄せながら言う。

「鮎川さん、今からちょっと社内にヒアリングに行きませんか？」

2

「手短にたのむよ」飯田は会議室に入ってくるなり、不機嫌そうに椅子にドカッと座った。飯田は生産部の部長だ。

「さっそくですが、こちらをご覧ください」

大山機械の生産依頼書のコピーを飯田の前に差し出す。飯田は体を斜めにしたまま、その書類を人差し指で、自分の前に引き寄せる。

「これか……この件では本当に迷惑をかけられたよ」飯田が言う。

鮎川が思わず何かを言おうとした瞬間、遥がはっきりとした口調で、「誰が？　誰に？　ですか？」と飯田に尋ねる。

「奥山が、我々生産部に対して、に決まっているだろう！」

飯田は遥と視線を合わせずに、大きな声を上げる。遥は微動だにせず飯田を見つめている。鮎川は少しだけ間を置いて、飯田に静かに返す。

「いいえ。片山鋳造が、大山機械さんに、ご迷惑をおかけしたんです」

「費用はすべて片山鋳造持ちで、我々、生産部が何日も残業して、指定納期までに再納品したんだよ。鮎川さんだって知っているだろう」飯田が不満そうに言う。

「大山機械の担当者の方も、深夜まで検品対応していただくことになったと聞いています。それはともかくとして、本題はこちらなのですが、この付属書を読めば、飯田さんのようなベテランなら、奥山くんのミスに気づけたのではないですか？」

「おい、岡田！　俺のせいだって言いたいのか？」

「いいえ。奥山くんがミスをしたのは事実です。でも、会社としてのミスは未然に防げた。でも見過ごされた。なぜ見過ごされたのか、これからの片山鋳造のために、僕はその理由が知りたいんです」

「いいか岡田、生産部は営業部の生産依頼書にもとづいて、その指示通りにモノを作るのが仕事なんだよ。どうしても文句が言いたいなら、まずは当時の奥山の上司の第二営業部長に言うのが筋じゃねえのか？」

「営業部長はもちろん、これから承認印を押しているすべての方にヒアリングに行きたいと思っています。でも、今さら責任を追及したいなんて、まったく思っていません。お客さまのために、これから自分たちはどう変わるべきかを、考えていきたいんです」

岡田は務めて冷静に言うが、飯田は苦虫を潰したような顔で反論してきた。

「そんなの一人ひとりがちゃんと責任を持って、自分の仕事をやり遂げればいいいだけのことじゃねえのか？　お前ら甘いんだよ、仕事に対する考え方がよ！」

「おっしゃっているのは部分最適論ですね。残念ながら片山鋳造は、その考え方でうまくいくステージではなくなりました」遥が飯田の目をまっすぐに見て言い切る。飯田が遥を睨みつける。遥は目線を外さない。

3

「結局、この付属書に承認印を押した方たちの答えは、ほぼみんな同じでしたね」

マーケティング室に戻り、鮎川が小さく言う。

「あくまでも生産依頼書の、形式上の不備について確認を行い押印した。悪いのはそもそもミスをした奥山。付属書はあくまでも参考資料に過ぎず、ミスに気づけなかったことに何ら責任はない……そんな感じでしたね」岡田がこたえる。

「奥山くんは、この当時、すでにお客さまのディープ・プロブレムに言及していたんですよね……」鮎川がため息まじりに言う。

「本来は若い社員の挑戦を支え、不足する知識や経験を補うのがベテランの役割のはずなのに……」岡田が言うと、「残念ながら、今の片山鋳造はそうではないということですね」と鮎川がこたえる。

「片山鋳造だけではありません。創業二十年を超えた優良企業の多くが、今、まさに同じような問題を抱えています」遥が口を開く。

マーケティング室の扉が開き、手拭いで汗を拭きながら源次郎が部屋に入ってくる。

「どうしたみんな？　難しい顔して？」

「なるほど。こいつはひでえな。飯田も、若い頃には朴訥だが工夫することが大好きな、いい鋳物師だったんだぜ。いったい何がみんなを変えちまったのかな？」

源次郎は少し寂しそうな表情をしている。扉が開き奥山が帰ってきた。

「お疲れさまです！　あれー、僕がいない間に、みんなで集まって何しているんですか？　仲間に入れてくださいよー」

奥山は行動予定表の『淺井精機』の文字を消しながら言う。

鮎川は大山機械の生産依頼書のコピーをそっとファイルに戻した。

「浅井精機さん、どうだった？　いい話が聞けた？」岡田が明るく奥山に聞いた。

「もうバッチリです。それから、今日は、もう一件、行ってきました」

「どこに？」

「大山機械さんです」

みんなが顔を見合わせた。

「え？　やだなー。何ですかこの空気？　そうですよ、僕がミスして、会社に大損害を与えた、あの、オ・オ・ヤ・マ・キ・カ・イさんですよ。でも、そこでもバッチリ、ヒントになる話が聞けました！」奥山が笑顔で言う。

「なんかすごいね！　奥山くん」鮎川が言う。

「僕、今、褒められちゃってます？」

「いやー、お前さんは本当にすげえ男だと思うぜ！」源次郎が腕を組みながら言う。

4

「ということで、大山機械の担当者さんは、僕が責任を取らされて、会社を辞めさせられたんじゃないかって、ずっと気にしてくれていたみたいです」

「それで、大山機械さんと淺井精機さんから、どんな話が聞けたの？」鮎川が聞く。

「そう、そう。大山機械さんも、淺井精機さんも、鋳造はもちろん、素材に関する知識が圧倒的に不足しています。片山鋳造の主要顧客は、先方の設計部門の方も、鋳造や素材に関して熟知されているじゃないですか。でも、少なくとも大山さんや淺井さんはそうではありません」奥山が一気に喋る。

「たしかに、これまでの片山鋳造の売上を支えてくれている主要なお客さんは、それこそ創立の頃からのお付き合いですからね。今ではお互いに阿吽の呼吸で生産が進められていますよね」鮎川が言うと、源次郎も大きく頷く。

「そもそもうちのお客さんだって、始めから鋳造や素材の知識を持っていたわけじゃあねえ。ともに知識や技術を積み上げてきたんだ」

「大山機械さんは、分析機器分野では超有名メーカーさんですが、駆動する装置の開発は、今回がはじめてだったそうです。部品設計では、素材の選択から、かなり苦労をされたみたいです。相談できる場所がどこにもなかった、って仰ってました」

奥山が言う。

「片山鋳造が自動車産業の発展とともに大きくなったように、これから成長していく分野のメーカーさんをサポートするのが、僕たちの新しい役割ではないですか?」岡田が言う。

「むしろ、それが片山鋳造の原点かもしれねえな!」源次郎が力強くこたえる。

「そうだ!　鋳造部品に関する十分な情報を持っていないメーカーの設計部門の方に向けて、オンラインセミナーを開催するのはどうでしょうか?　あくまでもお客さまの問題を解決するためのセミナーです!」鮎川が提案する。

「鮎川さん、それ、すごくいいアイディアだと思います!」岡田が言う。

「しかし、最大の問題は社内ですね。今の片山鋳造では、お客さまに対して、一歩踏み込んだ対応なんて到底できませんよね?」鮎川が言う。

みんなが腕を組んで沈黙する。

「遥さん。さっき、これは片山鋳造だけの問題ではないって話していましたよね。それ聞かせてもらえませんか?」岡田が遥に言う。

「はい。片山鋳造だけでなく、創業二十年を超えた優良企業の多くが、新型企業病、実行型シンドロームに陥っています」遥は厳しい顔をして話し出す。

遥が学んだ
マーケティング
理論
9

戦略思考が足りない!

さあハルカ、講義を始めよう。

今日の講義は新型企業病「実行型シンドローム」についてだ。

組織には2つの類型がある。それは「戦略型組織」と「実行型組織」である。戦略型組織がいいとか、実行型組織がいいという話ではない。

ほとんどの会社は創業期、戦略型組織として誕生する。**戦略型組織とは常にチャレンジする組織である。**戦略型組織では試行錯誤を繰り返す。その過程では何度も失敗を繰り返すかもしれない。

しかし、小さな失敗を通して仮説検証が進むと、**再現性の高い成功のシナリオ**が見えてくる。それはまさに、「顧客から選ばれ続ける仕組み」のことである。

ちなみに、事業を興してから数年が経過しても、再現性の高い成功のシナリオが発見できなかった会社は、存続することが難しくなってくる。反対に言えば、5年、10年、またはそれ以上の期間存続している会社のほとんどすべては、何らかの再現性の高い成功のシナリオを持っていると考えて、まず間違いがないだろう。

再現性の高い成功のシナリオを発見した会社は、ここで大きな分岐点に立つ。それは事業を拡大するか、拡大しないかの分岐点だ。会社を大きくするか、しないかと言い換えることもできる。

通常は再現性の高い成功のシナリオがあっても、戦略型組織のままでは事業は拡大しない。そこで必要なのは、**実行型組織への転換**だ。**実行型組織とは文字通り、発見した再現性の高い成功のシナリオを、ひたすら忠実に実行することを目的とした組織だ。**一般的にこの実行型組織では人を増員することになる。人を増やして生産量を上げ、人を増やして営業活動を拡大し、売上の拡大をめざす。

戦略型組織では再現性の高い成功のシナリオを発見するために、さまざまな試行錯誤を繰り返す。戦略型組織の会社には「小さな失敗がいつか大きな成功に結び付く」という文化が形成される。

しかし、実行型組織の会社は小さな失敗を嫌う。「小さな失敗が大きな失敗に繋がる」という文化へと置き換わっていくのだ。**戦略型組織と180度考え方が異なるのが実行型組織だ。**

実行型組織では、実行すべきことが明確化されているので、改めてチームで何かを考えるよりも、個人の能力を高めたほうが、あらゆる面でうまく行く。会議は決められたことが実行されているのか否かの報告会となる。きちんと実行さえすれば、会社はどんどん成長する時期でもある。部分最適ですべてがうまくいく。

さて、ここからが最も重要なポイントだが、再現性の高い成功のシナリオにも、残念ながら寿命がある。鉄壁だと思っていたビジネスモデルも、いずれ必ず翳りを見せ始める。それが**成功のシナリオの老朽化・陳腐化**だ。増収増益を続けてきた事業にも終焉の時が必ず訪れる。こうした状況は政治や経済など外部環境の変化をきっかけとして表面化することが多い。だから、「今は耐えるしかない」と考えて放置してしまう。しかし、その判断が症状を悪化させ、場合によっては手遅れにしてしまうのだ。

本当の原因は外部環境の変化ではない。外部環境の変化は、ただのトリガーに過ぎない。事業が停滞する本当の理由は、成功のシナリオの老朽化・陳腐化である。

□ **社員は言われたことを言われた通りにしかできない**
□ **次の柱となる新商品や新事業が創出されていない**
□ **主力商品の売上に翳りが見えてきた**

これが実行型シンドロームの初期症状である。これを放置すると会社はやがて本格的な実行型シンドロームに陥り衰退を始める。なぜか？　**実行型シンドロームが進むとあらゆる視点がすべて内向きになる。**やがて顧客視点は完全に失われてしまう。繰り返すが、マーケティングは視点を内側にしたとたんに機能不全を起こしてしまうのだ。こうした兆しが見えた時の解決策はただひとつ。それは**戦略型組織へ原点回帰**することだ。

必要なのはうまくいかなくなった成功のシナリオを焼き直すことではなく、新たなビジネスモデル、次世代の商品やサービスを、再び顧客視点を取り戻して創発することだ。ただし、組織を実行型組織から戦略型組織へと、単純に戻すわけではない。そんなに簡単に戻るものでもない。実行型組織と戦略型組織のハイブリッドである、**実行型・戦略型ハイブリッド組織に再変革**するのだ。

しかし、残念ながらこれもかなり難しい。長く実行型組織の中で生きてきた経営者や幹部社員は、自社がかつては戦略型組織だったことを完全に忘れてしまう。実行型組織を30年以上続ければ、そもそも戦略型組織で働いたことがない社員ばかりになる。

決められたことを、決められたように実行し、そのルールの中で、小さな工夫をしながら成績を上げるように頑張ってきた人たちは、反対に常識や慣習を捨て、ゼロから戦略を考え、失敗を恐れず、それを果敢に挑戦させてもらった経験はないかもしれない。

実行型シンドローム簡易診断シート

実行ステージ	戦略ステージ
□ 成功のシナリオがある（かつてはあった）	□ 成功のシナリオを探している
□ スタンダードな存在をめざしている	□ ユニークな存在をめざしている
□ 組織は部分最適する傾向にある	□ 組織は全体最適をめざしている
□ 個人で仕事をすることが多い	□ チームで仕事をすることが多い
□ 決めたことを実行するのが仕事である	□ 実行することを決めるのが仕事である
□ マニュアル化している	□ マニュアル化していない（できない）
□ 小さな失敗が大きな失敗を生むと考える	□ 小さな失敗が大きな成功に繋がると考える
□ 効率を考える	□ 成功を考える
□ 義務感で働いている	□ 達成感の期待で働いている
□ 緊急且つ重要な仕事に時間を費やす	□ 緊急ではないが重要な仕事に時間を費やす
□ 内向き（上司や経営者を見て仕事をする）	□ 外向き（お客さまを見て仕事をする）
□ 自社の利益を考える	□ お客さまのベネフィット（便益）を考える
□ 他社（ライバル）と競争する	□ 他社（ライバル）との競争を回避する
□ 数値化できるものを重視する	□ 数値化できないものを重視する
□ 事業を磨いているという感覚を持っている	□ 事業を構築するという感覚を持っている
□ チャレンジしない傾向	□ チャレンジする傾向
□ 会議は無駄だと考える	□ 会議はアイディアを創出する場だと考える
□ まずは情報を収集する	□ とりあえずテスト（テスト販売）してみる
□ 長時間、仕事をしている	□ 長時間、仕事のことを考えている
□ スタッフに仕事を教える	□ スタッフに仕事を自分で考えさせる

実行ステージ傾向（1問5点で計算）100点満点	戦略ステージ傾向（1問5点で計算）100点満点
点	点

実行ステージ傾向が80点以上の場合には実行型シンドロームが疑われます。

5

「これ、まんま今の片山鋳造の話ですよね」奥山が言う。

「片山鋳造は完全に末期ですよね。もう手遅れなのかもしれませんね……」

鮎川が力なくつぶやく。

「いや、まんざらそうでもねえと思うぜ……」源次郎はにやりと笑った。

「オンラインセミナーについては改めて協議をしましょう。まずは、明日の経営会議、何としても恋するフライパンの企画を通しましょう」

岡田が言うと、みんなが大きく頷く。

6

翌日。朝から雨が降り続いていた。役員会議室には片山社長以下、吉川常務、五人の取締役、そして、各部の部長が席に着いた。

経営会議は毎月第一週目の月曜日の午後に開催される。これまで片山はこの経営会議で根気強く、改革の必要性を訴え続けてきた。V字回復ともいえる成果を上げた今でさえ、経営会議には不穏な空気が漂っていた。

午後一時からスタートした経営会議は、業績報告、年度計画との差異、営業部の報告、そして、各部の活動報告の順に進んでいった。マーケティング室からの報告は最後の議題だ。午後三時から十五分間の小休憩を挟み、鮎川、奥山、遥も入室して、岡田の席の後ろに座る。

「お疲れさま。あれ？　源さんは？」

岡田が振り向いて奥山に聞く。

「源さんたら『ちょっと遅れて行くわー』とか言って、ふらーってどっか行っちゃったんですよ」奥山が言う。

「では、経営会議を再開します。最後の議題はマーケティング室からの報告です。岡田室長、よろしくお願いします」

司会進行を務める総務部長の古橋が言う。

「本日は現在、マーケティング室で進めております、家庭用調理機器分野への参入『恋するフライパンの開発』に関するご報告と、ご提案を行わせていただきます。後ほど審議のほど、よろしくお願いいたします。では、お手元の資料をご覧ください」

7

「以上で報告を終わります」

経営会議の参加者は、椅子の背に体を預け、横目で配布された資料を見ている。提案に対する否定的な感情が態度に現れていた。

「では、質問がある方、挙手を願います」古橋が言う。

「いいかな?」吉川が手を挙げる。「マーケティング室が、フライパンを売ろうとしていると聞いて、これはいかがなものかと、私の独断ではありましたが、調査会社に依頼し、リサーチを実施いたしました」

総務部員が立ち上がり、新たな資料を参加者に配り始める。

「これは家庭用フライパンの主な購買層と思われる、二十代から六十代の主婦を、ランダムに三百人抽出してアンケート調査を行った結果です。ご覧の通り、八十四パーセントの人が、『こんな商品はいらない』という回答です。購入したいと答えた人はわずか二パーセントで、残りの十四パーセントも『商品を見てみないと分からない』という回答なんです。調査会社のまとめには、『この商品が売れる可能性はない』と書かれています。議論の必要などありません。精密鋳造でその名を轟かせてきた片山鋳造が、こんなふざけた商品を販売すれば、それこそ笑いものです」

会議室が静まり返った。

「すばらしい！」遥が資料を手に握りしめながら、いきなり立ち上がる。奥山はあわてて遥の右の袖をつかむ。

「百人の村で！」かまわず遥は話し始める。

「は？　百人の村？」吉川の声が裏返る。

「百人の村で、新商品を売ったら、今までにない商品だという理由だけで購入するマニアが二人やってきます。次に、その商品が本当にいい商品かどうかを自ら判断して購入できるリーダーが十四人やってきます。その次に、リーダーが発信する『いい商品だ』と言う噂を聞いて購入するウォッチャーが三十四人、ここまでで五十人、村人の半数となります。次の三十四人は、みんなが買ったから自分も購入するフォロワーです。どんなにいい新商品でも、最後まで買わないアンカーが十六人います。この調査では『興味はあるが見て見ないと分からない』『もっとくわしい情報がないと判断できない』と回答した人が、十四パーセントいます！　その人たちはリーダーです！　リーダーが興味を持ってくれているということなんです！　つまり、この調査は恋するフライパンにチャンスがあることを示しています！」

「は？　な、何を言っているんだ？」

「ヒューレット・パッカード社は！」遥がヒートアップしていく。

「一九七二年、世界初の科学技術計算用ポケット電卓を三九五ドルでローンチしました。ライバルは安価な計算尺。コンピュータ分野における、信頼できる市場調査会社も『こんな商品は売れるはずがない』と結論付けました。ヒューレット・パッカード社はこの市場調査結果を受け、千台だけ生産してテスト販売することにしました。結果としてこの商品は初年度で十万台の売り上げを記録、約三年半の期間で三十万台を売り上げ、同社の基盤を作り上げました。どんなに信頼できる調査会社でも、いつも正しく未来を予言できるわけではありません！」

「おい！　部外者は黙っていてもらえないか！」吉川が遥に向かって怒鳴る。

「私は部外者ではありません！　片山鋳造のインターンです！」遥はきっぱりと言い切る。奥山と鮎川が両脇から遥の服の袖をひっぱって無理やりに座らせる。

「会社は遊び場じゃないんだぞ、岡田。誰だ、こんなふざけた企画を考えたのは？」

「この企画は……僕が決定しました。僕は、すばらしい企画だと思っています。もしうまく行かなかったら、それは決定した僕に責任があります。僕らは遊びでやっているわけではありません。片山鋳造の未来を真剣に考えて提案しているんです！」

「かき回すのはやめろ！　片山鋳造の伝統を汚すな！」

「おバカなアリは！」遥は再び立ち上がり、大きな声で話し出す。

「はあ？　だ、だ、誰がバカだと！」吉川も顔を真っ赤にして立ち上がる。

その時、会議室の扉が勢いよく開いた。

「おい！　よっしー！」張りのある大きな声が会議室に響き渡る。会議室の入口には、職人としての圧倒的な威厳を放つ、厳しい表情の源次郎が腕を組んで立っていた。

「源さん……」吉川は一瞬で、悪戯が見つかった子どものような表情になる。

源次郎はえんじ色の作業服を着ている。胸には古臭い書体で、大きく片山鋳造株式会社と刺繍されている。源次郎は大股で吉川の前に歩み寄る。

「これ、懐かしいだろう？　俺らがこの作業服を着て、湯《ゆ》を流してたのは、もうかれこれ五十年前か？　あの夏の日、この会議室で、お前さんは先々代に何て言われたか覚えているか？」

吉川は動揺しながら、源次郎の顔を上目遣いに見て微かに頷く。

「忘れられねえよな。お前さんは先々代に『片山鋳造の伝統を汚すのか？』って怒鳴られたんだ。それだけじゃねえ、お前さんは先々代から灰皿投げつけられて、『出ていけ！』とまで言われたよな。まったく乱暴な時代だぜ」

源次郎はさらに一歩、吉川に近づき、鋭い眼光で吉川を見つめる。吉川はたまらず目を逸らした。源次郎はふっと微笑んでから、吉川にいきなり頭を下げた。

「ありがとう!」源次郎が頭を下げたまま言う。

「え?」思いがけない行動に吉川はうろたえる。源次郎が顔を上げる。

「あの日、お前さんは先々代に怒鳴られながらも、食い下がったよな。『これからの自動車はもっともっと軽量化が進みます。アルミ部品の高品質化の時代がくるんです。工法を見直して、そのニーズに対応するのが、我々の生きる道なんです!』って。生粋の職人だった先々代にとっちゃあ、工法を変えろ、てえのは、魂を捨てろと言われているのと同じだったんじゃねえか? でも、よっしーは、最後まで折れなかった。そんで先々代もついに根負けした。新しい工法を取り入れて、その通りの時代がきて、会社はでかくなって、俺らはずいぶんといい思いをしてきた。お前さんは職人としては才能はなかったけど、営業として、経営者として、本当にすばらしい才覚があった。今までこの会社を支えてきたのは、よっしーや、そこに座っている、お前さんたちだ。みんなにも、ちゃんと礼を言ってなかったな。みんな、本当にありがとう!」

源次郎は吉川と役員たちに向かって、再び深く頭を下げる。

「源さん……」情けない声で吉川が言う。

源次郎は頭を上げると、ゆっくりとした動作でマーケティング室のメンバーが座っているあたりを指差した。

「なあ、よっしー！　あそこに誰が見える？　俺には若い頃のお前さんたちが見えるんだよ。会社のことを想い、仲間のことを想い、お客さんの発展のために、恐れることなく挑戦を続けてきてくれた、若い頃のお前さんたちが……。なあ、次はあいつらにも挑戦させてやってくれねえか？」

吉川は俯いた。そして、少し泣きそうな顔で小さく頷いた。片山が立ち上がる。

「吉川常務、役員のみなさん、今、源さんの言葉を聞いて、僕は……改めてみなさん方に対してのリスペクトが足りていなかったと気づかされました。改革を進めるなら進めるで、まずはみなさんのこれまでの功績に対して礼を尽くすべきでした。子どもの頃、祖父に連れられ、よく片山鋳造にきました。ここで働くみなさんが輝いて見えました。砂型に溶けた湯を流す鋳物師が、僕のヒーローでした。僕はあの頃のような元気な片山鋳造が、また見たいと思っています。どうか、みなさんの力を貸してください。お願いします」

片山は全員に向かって礼をした。吉川が無言で片山に長い礼を返した。役員たちも次々に立ち上がり、片山に向かって礼をする。

源次郎は笑顔を浮かべて、小さく拍手を始める。その拍手は、やがて全員に広がっていった。

「どうだ？　これで手打ちということで？　なあ、みんな！」源次郎は腹の底から大きな声を出した。みんなが大きく頷き、少し安堵した笑顔を浮かべる。

「岡田室長、ご報告ありがとうございました。家庭向け調理器分野への参入はとても興味がある企画です。何よりも、自社商品の販売は、新しい可能性を開いてくれるのではないかと考えます。しかし、これまで片山鋳造が手がけてきたことと、あまりにも分野が異なり過ぎます。残念ながら今はまだ、当社には大きな冒険や投資ができる力はありません。そこで……」

岡田は真剣な顔で片山の言葉を待つ。

「そこで、提案なのですが、恋するフライパンは、クラウドファンディングでスタートしてみてはいかがでしょうか？」片山が明るい口調で言う。

「社長、クラウドファンディングとは何ですか？」これまで反発を繰り返してきた取締役のひとりが質問をした。

「クラウドファンディングは、主にインターネットを通じて、やりたいことを発表し、賛同してくれた人から広く資金を集める仕組みです。例えば、恋するフライパンを応援したい、購入してもいいという人から、事前に資金を集めて、集まった資金で恋するフライパンを作って、それを返礼品としてお届けすることもできます」

「もし資金が集まらなかったらどうなるんですか?」別の役員が質問をする。同じようにこれまで片山に反発してきた役員だ。

「支援してくれたお金を、支援者にお返しして、中止にすることもできます。成功・不成功を決める目標金額も、自分たちで決められます。初期費用はかかりません。支援金を受け取る時にだけ、運営会社に十パーセントから二十パーセントの手数料を支払います。みなさん、いかがでしょうか?」片山は言った。

誰からも異論はなかった。恋するフライパンの開発は、全会一致で採択された。

8

吉川が岡田に歩み寄ってくる。吉川は源次郎に小さく会釈をした後に、岡田に向かい頭を下げる。

「申し訳なかった……」吉川が顔を上げる。

「片山社長がやってきて、改革が進んで、俺は今まで自分が命をかけてやってきたことが、全否定されていくような気持ちになった。片山鋳造が傾いたのも、俺らと同じように、若いお前らが頑張らないからだと思って、いつも苛立っていた。だけどな、分かっていたんだ。そうじゃないって。昔のやり方は、もう通用しないんだって。分かっていながら、気づかないふりをしていた。そして、俺は最後に、全部お前のせいにして逃げた。本当に申し訳なかった」

「とんでもありません。吉川常務から叩き込んでいただいた、チャレンジすることの大切さを、これからも忘れることなく頑張っていきます。これからもご指導、よろしくお願いします」

吉川は岡田に向かって大きく頷く。次に吉川は遥のほうを向く。遥は勇ましい顔で身構える。

「部外者とか言ってすまなかった」

遥は黙って吉川に右手を差し出す。「ん?」吉川が戸惑いの表情を浮かべる。

「えっと、仲直りの握手なんじゃないかと思います」奥山が吉川に言う。

遥が頷く。吉川は遠慮がちに、遥の右手をそっと握る。遥はその手を強く握り返し、上下に大きく振る。吉川は思わず笑い出す。遥もやがて頬をほころばせた。

9

「みなさん！　お疲れさまでした！」片山が明るい声で部屋に入ってくる。

「源さん、本当にありがとうございました」源次郎に頭を下げる。

「出過ぎたマネをしてしまいました。お恥ずかしいかぎりです」

片山はかぶりをふる。

「これでようやく流れを変えられるんじゃないかと思っています。それと遥さん、さっきの百人村の話、あれ、もっと詳しく聞かせていただけませんか？」

「それ、僕らもぜひ聞きたいです」岡田が言うと、「はい」と遥が返事をする。


片山とメンバーは黒板の前に椅子を押して集まる。その間、遥は黒板に中央を頂点とした、度数分布曲線を書き、横軸の左から右に矢印を書き『時間』と書き入れた。遥は着席した片山とメンバーに向き直ると、胸のあたりを小さくポンポンポンと叩き、静かに語り始める。

「顧客は明確に五つのタイプに分類でき、新商品はそのタイプの順に普及していきます」

遥が学んだ
マーケティング
理論
10

リーダーへのアプローチが足りない!

さあハルカ、講義を始めよう。**今日の講義は「普及論」だ。**

新商品が普及していく過程は、商品によりさまざまだと考えてしまう。だが、それはちがう。新商品の普及には再現性の高いプロセスが存在する。この考えにはバックグラウンドがある。それは、1962年にスタンフォード大学のエベレット・M・ロジャース教授が提唱したイノベーター理論だ。

私がこの理論で注目したのは、**顧客は5つのタイプに分類でき、新商品はその顧客タイプの順で普及していく**という点だ。実際に私がマネジメントした商品の、過去10年分のデータを調べてみた結果、この理論を面白いほど追認することができた。そして、この理論を用いて販売計画を立て、新商品を狙い通りに普及させたこともある。

イノベーター理論とは解釈が異なる点もあるため、ここからは私が考えた100人村理論として話を進めよう。市場を100人の村に例えると、

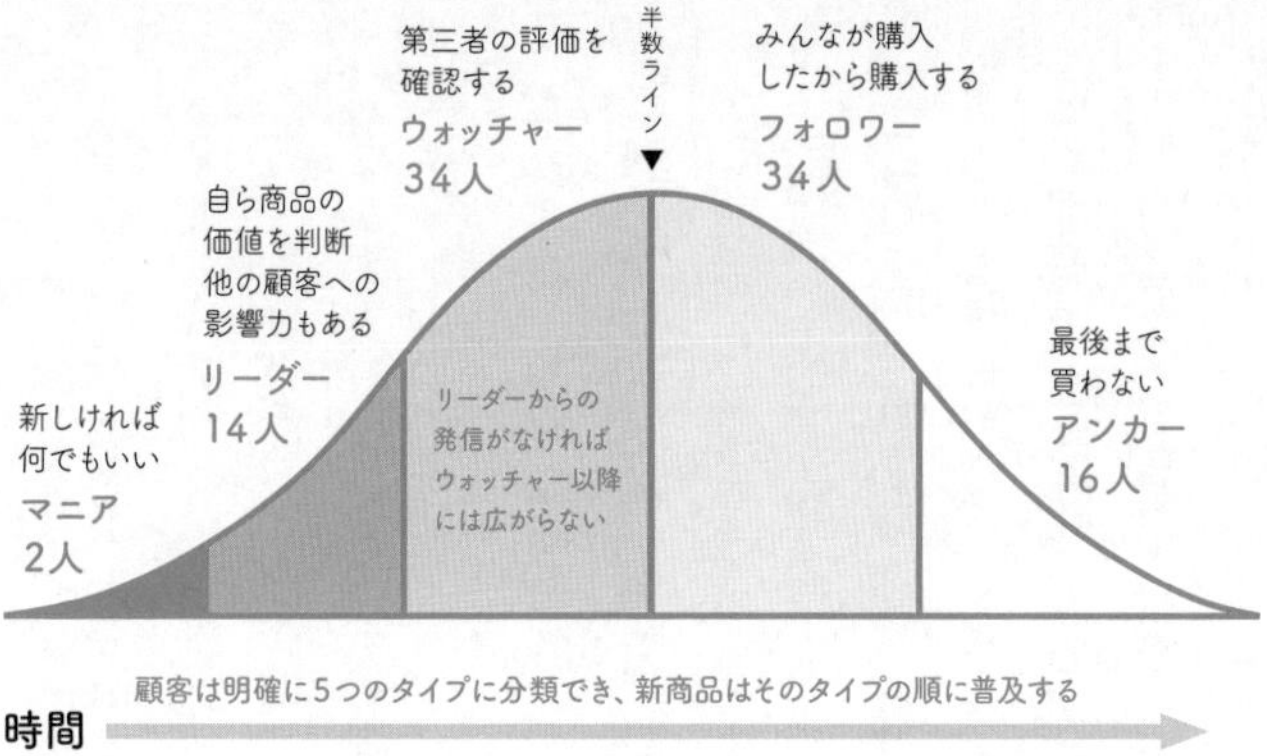

新商品の価値を自ら判断できるのは、リーダーと呼ばれる14人だけだ。購入の順でいうと、新しければ何でもいいと考え購入してくれるマニアが2人。自ら新商品の価値を判断し購入してくれ、他の顧客への影響力も大きいリーダーが14人。リーダーの意見など、第三者の評価を確かめてから購入するウォッチャーが34人。みんなが購入したから購入するフォロワーが同じく34人。最後まで購入しないアンカーが16人だ。

つまり、顧客層の中で、新商品の価値を正しく判断してくれるのはリーダーだけで、それは10人中1人か2人だということだ。市場調査で10人の顧客に意見を聞きに行って、1人か2人が絶賛してくれ、実際に財布を開こうとしてくれたならヒットする可能性は高い。

10

「なるほど。新商品を普及させるために、本当に動かすべきなのは十四人のリーダーだけなんですね」奥山が言う。

「はい。ウォッチャーはリーダーからの評価でしか動きません。フォロワーはみんなが購入しないと購入しません。アンカーはいつまでも購入しません。私たち売り手が動かせるのは、マニアとリーダーだけです。マニアは情報発信をしてくれませんので、ウォッチャーに対する波及力は期待できません。つまり、リーダーを動かすことができなければ、商品は普及しないということです」遥は言う。

「リーダーを動かすために必要なことは何ですか？」岡田が遥に聞く。

「商品のよさを認めていただくことです」

「まずはこれから恋するフライパンのすばらしさを訴求できるようにして、リーダーがクラウドファンディング内のコメントや、SNSなどで発信してくれることをめざしましょう」岡田が言う。

「そうですね。話題になっている、支援が集まっているという事実も、クラウドファンディング内では、ランキングとかで一目瞭然なので、フォロワー層まで一気に動かすことができるかもしれませんね」奥山が言い、メンバーは大きく頷いた。

11

「すごい！」

正美の料理の腕前に岡田は思わず声を上げる。正美は岡田の目の前で、自らが考案した料理を次々に手際よく作っていく。

「この恋するフライパン、私、もう絶対に手放せません！　本当に火と戯れるように料理が作れるんです！」

正美は楽しそうに恋するフライパンを振る。

遥とさくらは庭でアリの観察をしている。時々、遥は地面を指差して、さくらに何かを話しかける。さくらも地面を見つめている。

正美は料理を作る手を止めて、そんな二人を、目を細めて見つめた。

「さくらにとって、きっと遥ちゃんは特別な存在なんでしょうね」

正美はうっすらと涙を浮かべている。

「ねえ、岡田さん、実は今日、さくらの誕生日なんです。主人が仕事から帰ってきてからお祝いをする予定なので、ご都合が悪くなければ、岡田さんと遥ちゃんも一緒にお祝いしてあげてくれませんか？　きっとさくらも喜ぶと思うので」

12

正美の夫、野崎隆が大きなケーキの箱を手に帰宅してきた。

「いつも妻がお世話になっております」

「こちらこそ、野崎さんにはいつもお世話になっています。今日は、あつかましく、さくらさんのお誕生会におじゃますることになり、申し訳ございません」

「いえいえ、とんでもありません。きっと妻が強引に誘ったんでしょう」

「正解！」正美が笑いながら隆にこたえる。

「こちらが遥さん？」

「はい。小橋遥です」

「いつもさくらの相手をしてくれて、本当にありがとうございます」

「いいえ、私は決してさくらさんの相手をしているのではありません。さくらさんとアリの生態について、意見交換させていただいているのです」

遥は笑顔でこたえる。

「さくら！　今日は遥さんと何をお話ししたの？」

さくらはリビングでひとり本を読んでいる。隆からの問いにさくらからの返事はない。

隆は本を読むさくらを見つめ、微笑みを浮かべながら、小さなため息をついた。

「少しだけ……ほんの少しだけ、寂しくなることがあります。どうしても、同年代の子どもたちと比べてしまって……」

隆はさくらの右隣に移動すると、あぐらをかいて座り、さくらの頭をそっとなでながら、本をのぞき込んだ。

「さくら……大好きなさくら！　その本は楽しいですか？　新しいことは何か分かりましたか？」

さくらは反応しない。その様子を見ていた正美もエプロンを外し、さくらの左隣に座って、同じように頭をなでる。

「さくら！　お誕生日おめでとう！　生まれてきてくれてありがとう！　大好きだよ！」正美はさくらに言う。さくらは本から目を離すことなく、ページをめくる。

正美と隆はさくらを両脇からそっと抱きしめる。さくらは少し窮屈そうな顔をするが、やがて自分の頭を、二人の腕に預けるしぐさを見せる。正美と隆は、顔を見合わせて笑みをこぼす。

その時、岡田の隣から、小さくすすり泣く声が聞こえてくる。

遥が泣いていた。正美は遥に駆け寄る。

「驚かせてしまい、申し訳ありません」遥はあわてて両手で涙をぬぐう。

「私は小さい頃に両親を亡くしました。小さい頃の私はいつも何かに夢中で、父のこと、母のこと、ほとんど記憶にありませんでした。でも今、お二人の言葉を聞いて、すべて思い出しました。父の声、母の声、いつも私に語りかけてくれていた言葉。全部思い出しました」

正美はその言葉に涙をこぼし、遥を強く抱きしめた。

「遥ちゃんは、たくさん愛されていたよ。私たちには分かる」

遥は正美に抱きしめられたまま、何度も頷いた。

さくらが立ち上がって遥に駆け寄ってくる。

「さくらとハルカは同じです！　オアイアウアです！」

遥は手で涙を拭うと、視線を上に向け一瞬考える。すぐにさくらに向かって微笑みながら言った。

「本当だ！　オアイアウアですね！」

「オアイアウアです！」さくらがうれしそうに繰り返す。

「どういうこと？」正美が首を傾げる。

「ノザキサクラとコバシハルカは母音がすべて同じオアイアウアなのです」

「へー！　さくら、すごいね！　大発見！」正美がさくらに言う。

「そうです。さくらさんはすごいんです！　特別なんです！」

それから、遥はさくらの誕生会を、ずっと頬を赤らめ、幸せそうな顔で過ごした。

13

社用車のエンジンをかけると、岡田は助手席でまだその余韻にひたる遥に声をかける。

「今日はもう遅いから、このまま遥さんのお家まで送りますね。えっと、ご自宅はどちらでしたっけ？」

「私の自宅は……レキシントンです」

「レキシントン？　アメリカの？」

「はい。マサチューセッツ州レキシントンはボストン北西にあります。私はレキシントンから、片山鋳造のインターンシップに参加するため来日しました。今はホテルに滞在しています」

「え、知らなかったです……」

「機会がなくて、お話しできませんでした。申し訳ありません」

「じゃあ、インターンシップが終わったら……」

「翌日にはレキシントンに帰る予定です」

遥は笑顔に少し寂しさをにじませ、膝の上のバッグを抱きしめた。

14

会議室のホワイトボードは書き込まれたアイディアで一杯になった。

「では、ここまでで決定した方向性をまとめますね」

オンラインセミナーの提案者である鮎川がホワイトボードの前に立ち、会議の進行を務める。

メンバーはマーケティング室の五人と設計部門、生産部門、管理部門、第二営業部門から各一名。オブザーバーとして片山、吉川、そして、飯田の三人も参加していた。全員が積極的にアイディアを出し合った。

「オンラインセミナーは無料で行います。ただし、事前登録制にします。これによりまず参加者のリストを獲得することをめざします。セミナーのテーマは『設計者のための鋳造部品の設計ポイント』です。第一部の講師は社外の方に依頼するということでみなさんよろしいでしょうか？」鮎川が言う。

「講師ですが、タカヤマ自動車の須藤進技術顧問にお願いしてはどうでしょうか？」参加者のひとりが提案する。

「須藤さんが受けてくれるなら、タカヤマ本社は俺のほうから話を通すよ」

吉川が小さな手帳に丁寧にメモを取りながら言う。遥はにこにこしながら吉川を見ている。遥と目が合った吉川は照れくさそうに笑った。

「よろしくお願いします。では第二部の、工場のオンライン見学会の案内役はどうしましょうか？」

飯田がのっそりと手を挙げる。

「飯田部長！」鮎川がうれしそうに叫ぶ。

「まあ……今回は俺がやらせてもらいます」

全員が拍手をすると、飯田はまんざらでもない表情でお辞儀をする。

「集客ですが、これまでに片山鋳造に問い合わせしてくれた会社や、岡田室長や奥山さんが名刺交換させていただいた方にメールでご案内をします。また、特販チームがリストアップしていた企業にはダイレクトメールを郵送したいと思います」

鮎川が言う。

「オンラインセミナーなので、セミナー告知のポータルサイトへの登録や、検索連動型広告への出稿も行いましょう」奥山が言うと、「役に立つ時がきたな」と源次郎が奥山の肩をポンと叩く。奥山はうれしそうに源次郎に向かって頷く。

「遥さん、集客面で他に何か気を付けることはありますか?」岡田が遥に聞く。

「一人の参加者を獲得するために、いくらの費用がかかったのか、集客方法別に見込顧客獲得単価を計測しておいてください。そうすれば、どの方法が最も費用対効果が高いか、次回以降、目標数の集客を行うためにいくらかかるのかの計画が立てられるようになります」

「なるほど、そりゃ重要なことだな」源次郎が言う。

「オンラインセミナーはウェビナーの仕組みを用いて行います。奥山さん、ウェビナーについて簡単に説明していただけますか？」鮎川が言う。

「みなさんもテレビ会議システムは利用されていると思いますが、ウェビナーはそれとは違い、視聴者からは配信を行っている人しか見えず、視聴している本人を含めて、他の視聴者は一切画面には映りません。自分の他に誰が参加しているのか、このセミナーに何人が参加しているのかも分かりません。また、視聴者側はカメラやマイクも不要です。質問はチャット機能を用いて行います。まあ、ライブ配信みたいなものですね」奥山が言う。

「こうしたセミナーの場合、ライバル企業に、参加していることすら知られたくないことがあります。どこが弱点か、何をしようとしているのかを、晒してしまう可能性があるからです。ウェビナーはそうした意味でも参加のハードルを下げることができます」岡田が続ける。

「オンラインセミナー終了後は、アンケートと引き換えに、講義で使用したスライド等の資料をダウンロードできる旨を参加者に伝える予定です」

鮎川が説明をする。

「アンケート回答のメールフォームには、現在、どのような問題を抱えているのか、何を解決したくてセミナーに参加したのか、いわゆる参加者の本当の願い、つまり、ディープ・プロブレムが記載できるようにします」岡田が言う。

「また、アンケートに回答してくれた方には、セミナー終了後、隔週でステップメールを配信する予定です。オンラインセミナーの開催日は一か月後の七月十四日、金曜日です。さあ、みなさん、これから忙しくなりますが、ご協力、どうぞよろしくお願いします！」

鮎川が言うと、全員が大きく頷いた。

6章　ペース・コピーライティングと戦術行動

1

一か月が経った。

本社管理棟の旧食堂で開催された、恋するフライパンの社内試食会は大盛況だった。調理はオステリア・ダ・カミキの定休日を狙い、神木と浩史に依頼した。二人が恋するフライパンで調理する、絶品の卵料理に誰もが舌鼓をうった。

源次郎は会場の一角で、これまでの試作品や使用した木型をすべて並べて、職人たちに、恋するフライパンの製造プロセスを詳細に説明している。職人たちは目を輝かせて、サンプル品を手に、源次郎に質問を投げかけている。生産部長の飯田も、熱心に源次郎の話を聞いている。源次郎は湯を流す時の手付きを身振り手振りで再現しながら、楽しそうに話をしている。

また、別の一角では体験コーナーが設けられている。恋するフライパンを使って調理体験ができるようになっていて、奥山と鮎川が担当してくれた。

岡田と遥は、手分けをして、参加者の声の聞き取りを行った。価格設定や商品コンセプトに対して厳しい意見もあったが、そうした意見も百人村理論に当てはめると腑に落ちた。何よりもうれしかったのは、この新たな挑戦そのものに対する否定的な意見がまったくなかったことだ。

若手社員たちは声をかけ合い、試食会の準備から手伝いにきてくれた。片山に対して反発を繰り返してきた古参の役員や、部門長たちも試食会に参加し、楽しんでくれている。

遥は会場の真ん中で、笑顔の社員たちの顔を、幸せそうな顔で見回していた。

遥と目が合う。遥は少しいたずらっぽい表情を浮かべてから、いつかの奥山のポーズをマネて拳を突き上げた。それに気づいた、源次郎が、鮎川が、奥山が笑った。

2

七月十日。

「源さんが指導してきた若手のおかげで、恋するフライパンの量産の目途が立ちました。仕様もこれで決定したいと思います。市場調査では、遥さんが予想した通り、リーダー層にしっかりと訴求できる商品であることが再確認できました。後はクラウドファンディングの公開ページを作成して、審査を受けるだけです」岡田が言う。

「いよいよ、マーケティングピラミッドの戦術のステージに入るわけですね」

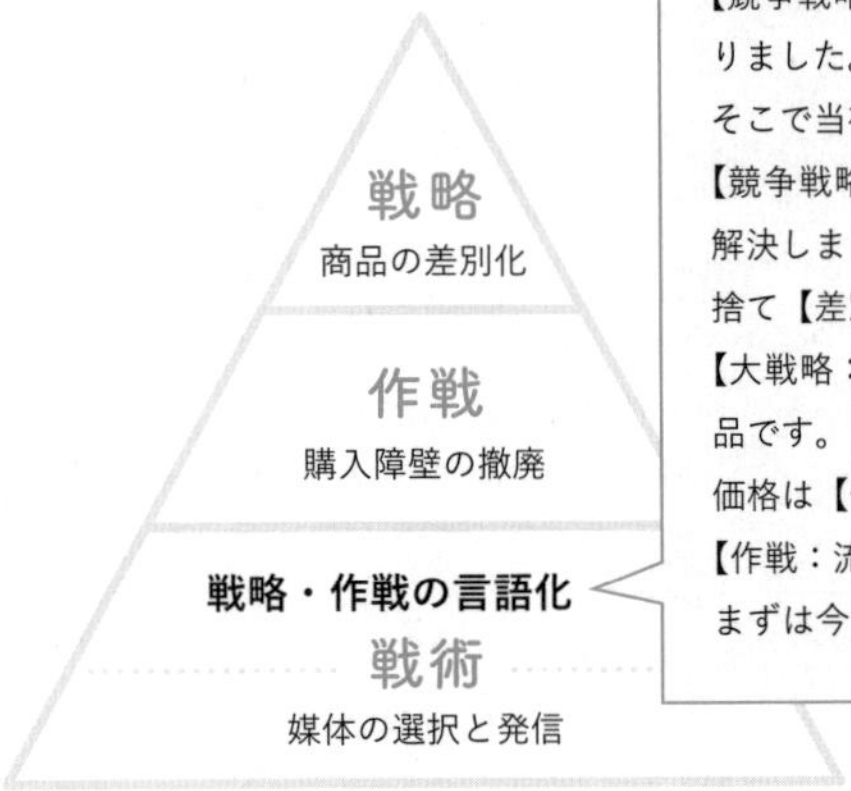

ベースコピーライティング基本構文

【大戦略：ターゲット】の方へ
【大戦略：コンセプト】ができなくてお困りではありませんか？これまでの商品では、
【競争戦略：ライバルの弱み】という問題がありました。
そこで当社の商品は、
【競争戦略：自社の強み】を活かしこの問題を解決しました。当社の商品はこれまでの常識を捨て【差別化戦略】した
【大戦略：コンセプト】が解決できる唯一の商品です。
価格は【作戦：価格戦略】です。
【作戦：流通戦略】からご購入いただけます。
まずは今すぐに【作戦：販売戦略】してください。

鮎川がワクワクした口調で言う。

「戦術は戦略や作戦の言語化プラス、媒体の選択と発信って、遥さんが教えてくれましたけど、今回で言えば媒体はクラウドファンディングということで、残すは言語化ですね」

奥山が遥に聞く。

遥は改めてマーケティングピラミッドの各ファクターを黒板に書き、その下に構文を書き込んだ。

「マーケティングピラミッドのすべては、このような基本構文で言語化することができます。この作業をベース・コピーライティングと呼びます。このベース・コピーをもとに表現方法を検討したり、写真やイラスト、

データなどのビジュアル表現を加えたりして、完成させたものが戦術ツールとなります」遥が言う。

3

「では読み上げてみます」

鮎川が、完成した恋するフライパンのベース・コピーを読み始める。

【大戦略（ターゲット）】

卵料理はお好きですか？　でも、「自分の家では、お店のような卵料理は作れない。もっと美味しい卵料理が作りたい！」そう思ったことはありませんか？

【大戦略（コンセプト＝問題解決）】

これは、そんなあなたの願いを叶えることができるフライパンです。

【競争戦略（ライバルの弱み）】

これまでのフライパンは、表面の温度が上昇するまでに時間がかかり、温度が上昇した後は、火加減を調整しても温度はすぐに下がりません。実は、一般的なフライパンで卵料理を作ると、卵に火が入り過ぎてしまうのです。

【差別化戦略】

そこで誕生したのが、保温性を捨て、逆転の発想で生まれた、熱しやすく冷めやすい「恋するフライパン」です。このフライパンはまるで火と戯れるように調理することができるのです。

【競争戦略(自社の強み)】

恋するフライパンを開発したのは、創業六十年の鋳造メーカー、片山鋳造株式会社。同社の鋳物師である佐野源次郎と、老舗イタリアンレストラン、オステリア・ダ・カミキのオーナーシェフである神木建造が、四十年の月日をかけて改良に改良を重ねて完成させました。

【大戦略(コンセプト=特別な体験)】

ふわっふわで、トロトロのオムレツ！　ほっぺが落ちそうなほどクリーミーなカルボナーラ！　パラッパラに仕上がるチャーハン！　だし巻き卵から、いつもの目玉焼きまで。恋するフライパンがあれば、絶品の卵料理が簡単に、美味しく作れます。そして、何よりも料理が本当に楽しくなるフライパンなのです。

「おー！　いいねー！」全員が声を上げ拍手をする。

書き上げたベース・コピーをもとに、恋するフライパンの断面写真、サーモグラフィ、片山鋳造の創業当時の写真、若い時の源次郎と神木の写真など、データやビジュアルが加えられた。また、鮎川が新たに撮影した、鋳造する源次郎の写真、調理する神木の横顔、笑顔で試食する片山鋳造の社員たちの写真も加えられた。鮎川の撮影した写真はどれも躍動感に溢れていた。

また、最終段階で動画も加えられた。「恋するフライパンの使い方は動画のほうが伝わりやすい」と正美がアドバイスしてくれたからだ。事実、クラウドファンディングでは動画の有無で成果は大きく左右されるらしい。動画の撮影と編集も、正美が引き受けてくれたが、出来上がった動画のクオリティの高さにメンバーたちは驚いた。

完成した公開ページは、無事にクラウドファンディングの最終審査を通過し、公開日の連絡が入った。公開日は一週間後の七月二十日に決定した。それは、遥が帰国する日だった。

4

七月十四日。

オンラインセミナーの申込者数は二百人を超え、当日のリアルタイム視聴者は一六三人となった。

須藤氏の講義は非常に実践的で、分かりやすく、何よりも面白かった。須藤氏との事前の打ち合わせでは、片山鋳造に配慮する必要はない旨を伝えていた。部品が組み込まれる装置や機器、または使用目的によっては、アルミニウムではないほうがいい場合もある。そもそも、鋳造部品である必要がない場合もある。須藤氏には、あくまでも、受講者と同じ設計者の立場から、最善のノウハウを提供してほしいとお願いをしていた。

須藤氏が講義で使用していたスライド資料と引き換えに行ったアンケートには、参加者の八十七パーセントが回答してくれた。

回収したアンケートには、狙い通り、参加企業や参加者が本当に解決したい問題、つまり、ディープ・プロブレムが詳細に書き込まれていた。さっそく片山鋳造に見積や個別相談、営業訪問を希望する参加者もあり、新たな営業手法としての可能性が明らかとなった。そして、そのアンケートの中に、片山は忘れることができない、ひとりの名前を見つけた。

5

七月十五日、土曜日。

バンクスは結局、ワンマンライブ前日までに、目標にしていたメルマガ登録者数、二千人を集めることはできなかった。メルマガ登録者数一三二〇人で、ワンマンライブ当日を迎えた。チケットの販売枚数は遥が予測した通り、約一割の一五五枚。ソールドアウトまで四十五枚、足りなかった。

正午にバンクスは、メルマガを通して、応援してくれたファンに感謝の気持ちと現状を伝えた。そのメールには、ソールドアウトできなかったことに対する悔しい気持ちも正直に書かれていた。その真摯な言葉がファンたちを動かした。

ライブハウス、ファザースには当日券を求める人たちが列をなしたのだ。開演三時間前にバンクスのワンマンライブはソールドアウトした。ライブハウスの入口に貼られていたバンクスのポスターには、お祝いのメッセージがびっしりと書き込まれた。

その日、バンクスは参加したすべての人の魂を震わせる最高の演奏を披露した。

6

七月十九日。遥のインターンシップ最後の一日が終わった。

「遥さん！　二か月間のインターンシップ！　お疲れさまでした！」奥山が乾杯の音頭を取る。

遥の送別会はオステリア・ダ・カミキを貸切にし、たくさんの人が参加してくれた。マーケティング室のメンバー、片山、バンクスのメンバー、楠木夫婦、野崎家。神木親子も一緒にテーブルに着いてくれた。

「そうそう、遥さん、経営会議の時に、おバカなアリの話をしようとしていたじゃないですか、僕らが止めちゃったけど、吉川常務が『誰がバカだとー！』ってなったやつです。最後に、ぜひあの話の続きを聞かせてください！」奥山が言う。

「はい。おバカなアリは！――私たちです」

「え？　よっしーじゃなくて、僕らがおバカなアリだったんですか？」

「そうです！」遥が楽しそうにこたえる。

「遥さんたら、そんな爽やかな顔して……」奥山が言うと、みんなが笑った。

「アリは餌を見つけるとフェロモンを出して、餌までの道を仲間に伝えます。仲間のアリたちはそのフェロモンを辿って餌場に到着します。しかし、ある研究では、すべてのアリが正確にフェロモンを辿るよりも、道を間違えてしまう、おバカなアリがいるほうが、餌の持ち帰り効率が向上することが示唆されています。道を間違え、迷っているうちに、餌場までの近道を発見することがあるからだそうです」

「決めたことを決めた通りに進む奴だけじゃなくて、道に迷ったり、冒険したりするおバカな奴もいたほうがいいということだな」源次郎が言う。

「マーケティング室の五人は、新しい道を開拓する、おバカなアリだったというわけか」鮎川がしみじみと言う。

遥は幸せそうな顔でマーケティング室のメンバーを見つめていた。

7

アコースティック楽器だけを使用した、バンクスの生演奏が始まる。凌は演奏をバックに静かに語り始める。

「ここにいる僕らはみんな、崖っぷちにいました。そんな時に……遥さんに出会いました。遥さんはたくさんの気づきを僕らに授けてくれました」

奥山と鮎川が大きく頷く。

「僕らバンクスは、ライブハウスをソールドアウトすることができました。ステージの上から見たあの景色は……決して忘れることはないでしょう。楠木モータースはグランドランナー専門店を立ち上げました。全国から月に三十件の問い合わせが入り、毎月九台の注文が入っています。賢一さんの夢が、実現しようとしています」

香織は何度も頷きながら、右手で賢一の手を握り、左手で涙を拭った。賢一もこぼれそうな笑顔で香織を見た。

「この素敵なレストラン、オステリア・ダ・カミキは、たくさんのお客さんでいつも満席です」

最後列で聞いていた神木は、隣に立つ浩史の肩をポンと叩いて微笑んだ。

「源さんと神木さんが長い時間をかけて改良を続けてきたフライパンは、恋するフライパンとして明日、デビューします。野崎さんが、さくらちゃんのために考えた、絶品の卵料理のレシピとともに……」

「僕たちはまだ、大きな成功をつかんだわけではありません。遥さんが言っていたように、魔法の杖はありませんでした。でも、小さな奇跡はたくさん起きました」

遥は膝の上に置いたショルダーバッグを強く抱きしめ、小さく何度も頷いた。

「遥さん、あなたが、ここにいる僕たちに、希望を与えてくれました。夢を繋いでくれました。またいつか、困難な日が訪れても、もう二度とあきらめないで、頑張れる力をくれました。遥さん、あなたと出会えたこと、それが僕たちの奇跡です。遥さんと、ここに集まった十六人に――この歌を捧げたいと思います」

湊はこの日のために書き下ろした新曲を歌い始める。それは、奇跡をテーマにした歌だった。その歌詞、そのメロディ、その演奏は、バンクスが、次のステージへと駆け上がっていくことを確信させるものだった。

8

「遥さん！　タクシーがきましたよ！」入口から奥山が叫ぶ。

「はい！」遥は大きな声で返事をすると、ショルダーバックの中から封筒を取り出し、野崎家の三人に近づいた。

「さくらさんは本を丸暗記しているわけではありません。さくらさんはアリの生態に関する深い洞察を持っています。私も小さい頃、さくらさんと同じでした。さくらさんはおそらく、私と同じ困難を抱え、私と同じギフトを与えられています。さくらさんには、たくさんの可能性があります。この封筒の中には、さくらさんの可能性を開いてくれる方の連絡先が書いてあります」

封筒を正美と隆に差し出すと、しゃがんでさくらを抱きしめる。

「兵隊アリはなぜ闘わないのかについて、さくらさんと議論できて、ハルカはとても有意義でした」

「さくらも、ユウイギでした！」さくらが元気よくこたえる。

遥は立ち上がり、みんなのほうに向き直った。

「本当にありがとうございました。みなさんのことは、生涯忘れません」

「遥ちゃん。そんな永遠の別れみたいなこと言わないで。またすぐ遊びにきてくれるんでしょ？　約束だよ」正美が言う。

遥はただ微笑んでいた。

9

七月二十日。

「社長、片山鋳造の岡田様がお見えになりました」

作業服を着たスタッフが、作業場に岡田と片山を招いた。

「片山鋳造さん、すいません。少しだけお待ちください」

ツナギを着た男が装置の横に寝転がったまま、申し訳なさそうに岡田に声をかけると、回路基盤を慎重に装置に戻していく。男は、「よし」と小さくつぶやくと、立ち上がり、爽やかな笑顔で岡田に一礼をした。

「先日はオンラインセミナーにご参加いただきありがとうございました。ご連絡いたしました、片山鋳造株式会社マーケティング室の岡田と申します」

男は両手で名刺を受け取ると、「新城です」と自分の名刺を差し出した。

「新城社長、本日は弊社代表の片山も同行しております」

「片山さん？」

新城は笑顔で片山に向き直る。笑顔はすぐに驚きの表情に変わる。

「新城さん、お久しぶりです！」

片山は満面の笑顔で新城に自分の名刺を差し出す。

「どうして?」新城は片山の名刺と、片山の顔を交互に見る。

「片山鋳造は私の祖父が興した会社です。色々あって一年半前に僕が継ぐことになりました」

「そうだったんですね。こんなところで片山さんにお会いできるなんて……」

「新城社長、これがアンケートに書かれていた医療機器ですか?」岡田が聞く。

「はい。手術支援ロボットです」

新城がノートパソコンを操作すると、装置から複数のアームが伸び、複雑な動きを見せる。

「三年前に起業しました。制御プログラムを世界中の研究機関に公開して、人工知能と接続できるようにしています。そんな手術支援ロボットがあれば、世界中の叡智を、すばやく医療に活かせるのではないか、そんなことを夢見て開発を進めています。片山鋳造さんのオンラインセミナーを受講し、問い合わせしましたのは、さらなる軽量化を実現するためです。この手術支援ロボットの腕を、指先を、さらに軽量化できれば、駆動エネルギーをより小さくすることができ、微細な動きや、これまでにない立体的な動きにも対応できるようになります」

「本当にすばらしいです！」片山が言う。

新城は片山の言葉に微笑みながらも、少し疲れた表情で言う。

「ただ、技術的なこととは別に、我社は今、大きな壁にぶつかっています。日本で医療機器の製造販売を行うための、業許可取得の目途が立っていないんです」

「業許可は人材の問題で？」片山が聞く。

「その通りです。業許可を取得するための、資格要件を満たす人材がどうしても確保できません。この問題をクリアしないかぎり、これ以上の資金調達も困難な状況です。このインキュベーション施設も三年の利用期限がきて、来月には出ていかなくてはなりません。またガレージからやり直しです」新城は少し自嘲的に笑う。

「新城さん、片山鋳造はつい数か月前まで、倒産寸前でした。実は今もまだまだ崖っぷちです」

片山が岡田を見て微笑んだ。岡田も微笑みながら頷く。

「資金的な面では、当社は何ひとつ、新城さんのお役には立てそうもありませんが、場所ならご提供できます。それから、我社には高度な精密部品を、すばやく試作できる装置と、優秀な技術者たちもいます。そして、最後に……もし業許可が、品質業務の責任者の資格要件でつまずいているなら……僕はその資格要件を満たしています」

新城は思わず「本当ですか？」と片山に大きな声で言う。

「はい。僕は医療機器メーカーを退職する前の三年半、品質保証部の責任者をしていました」

「なんだか奇跡みたいです」新城は天井を見上げる。

「新城さん、僕は、医療の世界でもう一度、新城さんと一緒に、お客さまの問題を解決するために仕事をしたいです」

「片山さん、それは……」

「新城さんにお伝えするまでに、十五年近くもかかってしまいましたね」

新城は笑いながら、何度も大きく頷くと、片山に一歩近づき、その手を堅く握った。

この再会が、数年後、片山鋳造と岡田の未来を変えることになった。

10

岡田は本社管理棟の廊下を走った。正午に遥が最後の挨拶に来社することになっていた。時計はすでに午後二時を回っていた。新城の会社が入居するインキュベーション施設からの帰り道、事故渋滞に巻き込まれ、高速道路上で、身動きが取れなくなってしまった。

マーケティング室の扉を開ける。

「遥さんは？」

「先ほど弁護士さんたちと、空港に向かわれました」鮎川が言う。

「遥さん、神の国からじゃなくて、アメリカからきたんですね。それで今日、帰国なんだそうですね。急にそんなことを言われても……寂しすぎます」奥山が言う。

「俺らに言いそびれているうちに、話しづらくなったんじゃねえかな？」

「遥さん、寂しそうな顔して、そこに座っていましたよ。若いほうの弁護士さんに『もう時間がありませんよ』って言われるまで、そこに座って、岡田さんが帰ってくるのをずっと待っていましたよ」奥山が少し責めるような口調で言う。

「行ってください。空港に」鮎川が言う。

「でも、これからクラウドファンディングの公開ですから……」

奥山は机の上の自分のノートパソコンの電源を少し乱暴に引き抜き、顔の位置まで持ち上げると、画面を岡田に向ける。

「クラファンは、僕らがワチャワチャしている間に、公開されちゃいました！」

「賽は投げられたってわけだな。今日のところは、俺らにやれることはなんもねえ。ただ見守るだけだ。でも、岡田っちには、やるべきことがあるんじゃねえか?」

源次郎が笑顔で言う。メンバーの顔を見回した。みんなが微笑みながら力強く頷いている。岡田は頭を下げ、部屋を飛び出した。

11

凌は歩道の防護柵に、ギターケースを立てかけ、スマートフォンの画面を睨んでいる。「きた!」思わず声が出てしまう。

逸る気持ちを抑えて、慎重にスマートフォンを操作する。画面には支援購入完了と表示される。凌が恋するフライパンの最初の支援者となった。

「がんばれ、恋するフライパン!」

凌はゆっくりと目の前の建物を見上げる。

「待ってろよ!　ライズ!」

地域最大のライブハウスが、眩しい太陽の光に包まれていた。

12

「ここのところいつも予約で満席だな。全部浩史のおかげだ」

「何言ってんだよ、親父の味があってこそのオステリア・ダ・カミキだよ」

「この店はもう大丈夫だ。だから浩史、お前も好きなことをしろ。この店は俺がやりたいようにやった。お前がやりたい店を作れ」

浩史は真剣な顔で神木と向き合う。

「分かった。反対されると思って、親父にはずっと言えなかったけど……」

神木は優しい笑顔で頷く。

「俺、オステリア・ダ・カミキの二号店を出したい。もっとたくさんの人に親父の味を楽しんでもらいたい。もちろん、俺だって親父に負けない味を確立する。その夢に向かって、まずはこの店をもっと繁盛させたいんだ。だから、もう少しだけ、ここで修業させてください」浩史は神木に頭を下げる。

「まあ、好きにしろ」

神木は目を潤ませ、笑顔で笑う。

13

賢一は丁寧に電話を切ると、すぐに香織に向かって叫んだ。

「初期型グランドランナーの復刻部品の供給が決まった！　しかも、メーカー純正で！」

「メーカー純正？　本当に？」

「うん。まずは一六〇パーツから。アルミ製の部品は、オリジナルと同じ片山鋳造製になるみたい。源さんと、鮎川さんが当時の木型を会社の中で見つけてくれたそうだ。最後は吉川さんっていう役員の方がメーカーと部品復刻に関する交渉をしてくれたらしい」

「すごい！」

「でも、復刻部品の供給が始まれば、ライバルが増えるかもしれないね」

「いや、いくらライバルが出てきても、私たちは負けないよ。だって、私たちは遥ちゃんから、大切なことを教わったんだから」

14

「岡田さんには話したの？」隆が正美に聞く。

「話したよ。SNSとかで発信していいですかって。『もちろんです！　どんどんお願いします！』って岡田さん、言ってた」

「マサミのこと……ちゃんと全部、話してないでしょ？」

「それは……まあ、そう」正美が笑う。

隆は苦笑しながら動画共有サービスのサイトにログインして管理画面を開く。「マサミチャンネル」のダッシュボードが表示される。

「登録者数、だいぶ減ったね」

「一年もお休みしていたからね。でも、もう登録者数なんか気にしない」

笑いながら言う正美を見ながら、隆は優しく頷く。

「じゃあ、公開するよ」

動画の中で正美は微笑みながら深く頭を下げた。

『みなさんお元気ですか？　マサミチャンネルのマサミです。長い間、動画をお休みして申し訳ございませんでした。今日はみなさまにご報告があります。色々とご心配をおかけしましたが、事務所との契約を解除して、これからは本名の野崎正美として活動することにしました。楽しい動画をたくさんあげていきますので、よろしくお願いします！』

正美と隆は目を合わせて微笑み合う。

『ところで、みなさんは卵料理、お好きですか？　このフライパン、めちゃくちゃ美味しい卵料理が誰にでも作れる、ありそうでなかった卵料理専用のフライパンなんです。名前はなんと、恋するフライパン！』

さくらはリビングで本を読んでいる。

「ねえ……遥ちゃんが教えてくれた先生のところに行ってみようか？」

正美の言葉に隆が大きく頷く。

「日本ではまだこの分野の診断やサポートができる機関は少ないらしいね」

「遥ちゃんは、『同じ困難を抱え、同じギフトが与えられています』って言っていたよね。さくらも、そうなのかな？」

「それは診断を受けてみないと分からないけど……」

「さくらも、いつか遥ちゃんみたいなステキな大人になれるかな？」

正美は思わず声を詰まらせた。隆は正美の背中に手をそえた。

「なれるさ、さくらも、すてきな女の子に」

15

多くの乗客が行き来する出国ゲート前で、岡田は遥の姿を探した。遥が搭乗すると思われる国際線の掲示板には搭乗手続き中と表示されている。もうとっくに保安検査場を通過していてもおかしくない。

「……ハルカ……」その時、かすかに遥の名前を呼ぶ女性の声が耳に入ってきた。人ごみをかき分けながら、声の方向に向かって歩いた。「パッセンジャー・ペイジング・ミス・ハルカ・コバシ……」航空会社のグランドスタッフの女性が片手を大きく上げ、あたりを見回しながら声を上げていた。「ボストンローガン国際空港行き〇〇八便にご搭乗予定の小橋遥さま」続けて日本語でも声を上げる。

白いワンピースを着た女性がグランドスタッフに歩み寄る。後ろ姿で顔は見えない。岡田もグランドスタッフに近寄る。

「ハルカ・コバシ・レノンさまですね。保安検査場にお急ぎください」

グランドスタッフは女性に一礼をした後に、トランシーバーで連絡を取りながら去っていった。女性は項垂れ、重い足取りで、保安検査場に向かって歩き始める。

「遥さん?」

女性の動きが止まった。それからゆっくりと振り向いた。

「岡田さん……? どうして空港にいらっしゃるんですか?」

「やっぱり、おかしいと思うんです」

遥はほんの少しだけ首を傾げる、長い髪が揺れる。黙って岡田の言葉の続きを待つ。

「あまりにもタイミングがよすぎます」

遥は微笑みながら岡田を見つめている。

「遥さんはもしかして、片山鋳造を救うために、やってきてくれたんじゃないかなって。本当はずっと僕らのことを遠くから見守ってくれていたんじゃないかなって。そう考えると何もかも辻褄が合うような気がするんです。だから……いや、もしも、そうではないとしても——本当にありがとうございました! 遥さんがきてくれなければ……」

遥はまっすぐに岡田を見つめ、一歩、歩み寄った。

「それは違います。私は誰かのためにではなく、私自身のために片山鋳造のインターンシップに応募しました。そして、私は本当に有意義で、忘れえぬ、幸せな時間を過ごすことができました。こちらこそ、本当にありがとうございました。私も岡田さんに、感謝の気持ちをお伝えしたかったです。私はすばらしいリーダーのもとで、人生ではじめての、ワクワクする職業体験が行えました」

「いや、僕はすばらしいリーダーなんかじゃなかったです。みんなに支えてもらってばかりの、むしろダメなリーダーです」

「いいえ。私は知っています。岡田さんは歓迎会の日に、源さんのフライパンを商品化するアイディアを思い付かれ、それをメモしていたことを、そして、それから何日も、調理器の市場を調べていらっしゃったことを」

「僕が提案する前に、奥山くんが提案してくれたから、僕がグズグズしていただけです」

「でも、岡田さんは『自分もはじめから気づいていた』とは仰いませんでした。いつも誰かのアイディアに『それすごくいい』と仰っていました。チームに対して惜しげなく、ご自分が調べられた、すべての情報を提供されていました。会議の席でも『決めたのは僕だ』と言い切られました。功績はスタッフに、責任はすべてリーダーの自分にあると。岡田さんは、いつでも、チームの勝利をめざしていらっしゃいました。マーケティング室というチーム、片山鋳造というチームの勝利です。私はちゃんと知っています。岡田さんは真のリーダーだったということを！」

ボストン便の最終搭乗案内がアナウンスされる。遥は保安検査場の方向に、一歩後ずさりをして深く頭を下げた。

「お元気で」

「はい。岡田さんも」

ボストン便の最終搭乗案内のアナウンスが再び繰り返される。遥が少し寂しさを滲ませた笑顔で、また一歩、後ずさりをする。そこで遥は立ち止まり、まっすぐに岡田を見つめた。手を自分の胸にあて、大きく深呼吸をする。

「いかなる場合でも言い訳をしない人。負けは負けと認めて、次に勝利をめざして前進できる人。私は、そんな人に会いたくて、勇気を出してここにやってきました。そして、岡田さんと出会うことができました。ご一緒にお仕事ができ、たくさんお話ができ、私は本当に、本当に幸せでした！」

そう大きな声で言い終わると、遥は満面の笑顔を浮かべた。瞳は涙で光っていた。

やがて遥は、自分に言い聞かせるように小さく頷くと、踵を返して、大きなバッグを左右に揺らしながら保安検査場に向かって走った。

「ありがとう遥さん！　いつか、また、どこかで……」

雲の隙間から漏れた強い太陽の光が、出国ロビーの天窓から差し込む。その光の中に吸い込まれるように、遥の姿は見えなくなった。

16

「売れませんね」

「いやー、本当に売れねえな」

「まだ百人村のリーダーからの発信がないからですかね？」

「この数だと支援してくれているのは、知り合いと、新しいものが好きなマニアだけってことだな」

鮎川、源次郎、奥山の三人は、奥山のパソコンの前に並んで座り、同じようなポーズでクラウドファンディングの管理画面を覗き込んでいた。

管理画面には、恋するフライパンが二十二人から支援を受け、十一万円の支援金を獲得したことを示している。

マーケティング室の直通電話が鳴る。鮎川が受話器を持ち上げる。

「お世話になります。私、この度のクラウドファンディングで御社を担当しております、メディアディレクター坂井と申します。お世話になっております！」

ハイトーンボイスの女性は、早口で一気にしゃべった。

「御社のクラファン、インフルエンサー絡みだったんですね！」

「えっと、インフルエンサー？　すいません、私どもには何のことだか？」鮎川がこたえる。

「登録者数二百万人のインフルエンサーが絡んでいる案件だったとは、お伺いしておりませんでした。現時点で支援額は一千万円を突破しております。今回は少なくとも五千万円、いえ、この流れで行けば大台も狙えるかもしれません。いずれにしろ、弊社としましても、これから本件、全力でサポートさせていただきますので、よろしくお願いいたします！」

言いたいことだけ捲し立てて、電話は一方的に切れた。

「なんだ？」源次郎が鮎川に聞く。

「クラファンのメディアディレクターとかいう方からでした。一千万円支援が集まったとか、インフルエンサーがどうしたとか言っていました」

三人は再びクラウドファンディングの管理画面を覗き込む。

「いや、そんなに売れてねえよな」

「こっちは十二万円ですからね、一桁ちがいますね」

「別の会社と間違っているんだな」

「そうですね、そんなクラファンもあるんですね、うらやましい」

「ん?」

管理画面が消え、画面中央で再読込のマークが、クルクルと回転している。回転が止まり、管理画面が再び表示される。

「あれ?」

「いち、じゅう、ひゃく、せん、まん、じゅうまん、ひゃくまん……せんまん!」

「いっせんまん!」

エピローグ

1

インターチェンジを通過し、滑走路を左手に大きく旋回すると、すぐに高速道路本線との合流車線に入った。

「石崎先生、そろそろ本当のことを教えていただけませんか?」

黒いセダンを運転する弁護士の山田は、慎重に合流車線から本線に入りながら、助手席に座る石崎に聞いた。

「小橋遥の正体についてですか?」

「はい」

「小橋遥の正体は、レノン・コンサルティングのコンサルタントである。そして、今日まで密かに片山鋳造をコンサルティングしてきたのは小橋遥であった……。山田先生の推理はそんな感じですか?」

「はい!」自信満々に山田が返事をする。石崎は吹き出して笑った。

「失礼。彼女は正真正銘、ただのインターンですよ。ですが、彼女に秘密がないわけではありません」

「秘密？」

「彼女の本当の名前は、ハルカ・コバシ・レノン。彼女はウィリアム・レノン教授の孫です」

「遥さんがレノン教授のお孫さん！」

車体がかすかに揺れ、山田はあわててハンドルを強く握り直す。

「ハルカは両親を不慮の事故で失った後、母方の祖父、ウィリアム・レノン教授に引き取られました。発達に障害があると診断されていたハルカでしたが、その後、ギフテッド2Eであることが判明したそうです」

「ギフテッド？　天才児ですか？」

「一般的にはそう認識されていますね。ただ、2Eとは二重に特別という意味で、子どもの頃のハルカは、さまざまな問題を抱えていたそうです。例えば、人とのコミュニケーションの面で。そこでレノン教授は、ビデオを通して、ハルカと対話するアイディアを思い付いたそうです。題材はマーケティング。ビデオによる講義は、レノン教授が亡くなる日まで続いたそうです。とは言え、ハルカに企業をコンサルティングできるほどの知識も経験もありません」

「では、レノン・コンサルティングは誰が？」

「レノン・コンサルティングに実体はありません。アナリストもコンサルタントもいません。レノン・コンサルティングの正体は人工知能です。そして、その人工知能を作ったのがハルカなんです」

「え？　人工知能を？　遥さんが……？」

「ハルカは九歳の時にアリの生態観察を通して、群知能の新たなアルゴリズムを発見したのをきっかけに、十四歳になる頃には、人工知能分野において、歴史的な発明を成しとげました。その発明は、人工知能の進化を十年は進めたと言われています。その後、彼女は人工知能の研究者となり、新たな理論を次々に発表しています。十八歳になるとハルカは、レキシントンにある自宅の地下室に、より人間に近い情報処理が行える汎用型人工知能を作り始めました。そして、その人工知能に、ウィリアム・レノン教授が遺した、膨大な知の遺産を学習させたのです。彼女は完成したその人工知能に、グランドファザーシステムと名前を付けました」

「つまり、レノン・コンサルティングは、ハルカが開発した人工知能、グランドファザーシステムだったということですね」

「その通りです。そしてハルカは、来日する前にグランドファザーシステムの完成を宣言しました。今後の運用は、スタンスフィールド国際法律事務所に託さることになっています」

「それで、これから遥さんは？」

「このインターンシップが終わったら、客員研究員として新しいプロジェクトに参加することが決まっていたそうです。ハルカが開発した人工知能は、これから医療の世界を変えていくんでしょうね」

2

七月二十日、米国時間、午後八時二十分。

レキシントンの街は、ようやく夕日に包まれ始めていた。祖父、ウィリアム・レノンと暮らしたこの家は、木々に囲まれた郊外にある。

遥は玄関フロアにキャリーバッグを置くと、すぐに地下へと続く階段を降りた。セキュリティを解除し、重厚な扉を開く。テニスコートほどのスペースが広がる。部屋の中央には、大きな机が並べられ、島状になっている。正面右側には壁一面の本棚があり、祖父が遺した、書籍、文献、そして大量の資料が収められている。

正面左側には二十メートル続く、長いテーブルが壁面に取り付けられ、十数台のモニターとキーボードが整然と並んでいる。稼働しているモニターは一台だけ。画面にはカタヤマ・キャスティングと表示されている。テーブルの隅には、まだ幼い頃の遥と両親の写真が飾られている。写真の中で、遥の母は、白い大きな麻布のショルダーバッグを肩にかけ微笑んでいる。遥はショルダーバッグを肩から外し、しばらく抱きしめてから、椅子の上にそっと置いた。

正面奥には、ガラスの壁で区切られた小部屋があり、その中にはメインフレームと呼ばれる、大型のコンピュータが設置されている。

グランドファザーシステムは、コンサルティング契約の終了を告げるメッセージを片山に送信している。これまでの数々の片山の采配を称える言葉とともに。同時に、片山鋳造のすべてのパソコンやモバイルフォンにインストールさせたカンパニー・ビュワーのリモート・アンインストールが開始される。また、グランドファザーシステム内に蓄積された片山鋳造に関する膨大なデータの消去も同時に開始される。

遥は本棚に並ぶ数百枚のＤＶＤケースの中から、五年前の今日の日付の入ったケースを手に取り、中からディスクを取り出すと、ノートパソコンに挿入した。画面には、少し咳き込みながら病院のベッドに座る、祖父の姿が映し出される。

「ハルカ。そろそろお別れの時が近づいているようだ。これからのことは、私の長年の友人であり、優秀な弁護士でもあるマリア・スタンスフィールドにすべて託してある。ハルカは何も心配しなくて大丈夫だよ」

さあハルカ、講義を始めよう。

これが最後の講義だ。

ハルカはマーケティングの学びを通して、人生にも活かせる、たくさんの大切な気づきを得たはずだ。本当の強みは弱みを逆転することで生まれる。それはビジネスの世界だけでなく、人生でも同じだ。

ハルカの弱みの中には、ハルカにしかない本当の強みがある。それはハルカだけが持つ真の強みだ。「私には○○がない。だからこそ□□ができる」この構文をいつも思い出しなさい。どんな時でも持っていないことを嘆くのではなく、持っているものを愛でなさい。


マーケティングでは差別化はとても重要だと学んだ。でも、人生においては差別化なんか考えなくても大丈夫。人は生まれながらにして人とは違う。いいところも、そうではないところも。だから、それをすべて武器にしてしまうんだ。

誰かと一緒でなければいけないという考えを捨て、自分を生きることができるようになったら、人は必ず幸せになれる。

うまく行かなくて、もがくときもあるだろう。それはハルカの人生における戦略ステージだ。たくさん考え、たくさん試すのだ。小さな失敗が、大きな成功を生む。そして、ゼロがイチになったら実行に移せ！　うまくいかなかったら、またいつでも立ち止まればいい。そして、戦略を立て直すんだ！

ハルカは、ハルカの人生のリーダーだ。自らの人生を、言い訳などせず、勝利に導く使命がある。

こうしてハルカとたくさんの時間を共有できたこと、本当に幸せだった。愛しいハルカ。いつかその時がきたら、勇気を出して外の世界に飛び出してみなさい。そうすればきっと、たくさんの素敵な人々と出会うことができるだろう。

遥はこぼれそうになる涙を何度も拭い、画面の中でいつまでも優しく微笑み続ける祖父に向かって、笑顔で大きく頷いた。
グランドファザーシステムのモニターには、片山鋳造に対するすべてのコンサルティング活動が完了したことを告げるメッセージが表示される。

「ミッションコンプリーテッド」

完

※本物語はフィクションです。登場する人物、団体、商品、サービスはすべて架空のものです。また、本書で紹介した技術、効能効果、制度等に関しては事実と異なる場合があります。

あとがき closing

最後までお読みいただき、ありがとうございました。

改めまして、森本尚樹です。


さて、あなたはこの物語を読み終わり、どのようにお感じになられたでしょうか？

「現実では、こんなにうまく、物事が運ぶはずはない」

そうお考えになったかもしれませんね。


この物語はフィクションです。ですが、冒頭でも書かせていただいた通り、マーケティング理論に関しては、一切のフィクションはありません。すべては私が泥の中を這いずりまわり、失敗に失敗を重ねた後に、実際に成果を出し続けてきた、生きたマーケティング理論です。

さらに言えば、この物語の中のマーケティングに関するエピソードには、実はすべてモデルがあります。例えば、物語の終盤で、インフルエンサーが動画を公開したことで、商品が売れ始めるという場面があります。さすがにこのエピソードはフィクションだと思われたかもしれませんが、実はちゃんとモデルがあります。一夜にして大逆転。注文の電話が鳴り止まない。そんなドラマの最終回のような場面に、私は立ち会わせていただきました。ちなみに、モデル事例の方がこの物語よりも、大きな成果を上げています。それをそのまま物語にすれば、それこそ「さすがに出来過ぎだ」と思われてしまうことでしょう。事実は小説よりも奇なりです。

また、楠木モータースのエピソードは、パートナー・コンサルタントである斉藤一郎氏が、実際に差別化3ステップ法を用いて開発した、新たな中古車販売のスキームをモデルにさせていただきました。「全国から月に三十件の問い合わせが入り、毎月九台の注文が入っています」と、物語の中で語られていますが、これはクライアントをV字回復させた際の実数値です。

片山鋳造、バンクス、オステリア・ダ・カミキのエピソードに関しても、業種などは変更していますが、「何を行えば、何が起きるのか」という部分についてはすべてモデルとなる実事例があります。

また、この物語の中では、片山鋳造の組織上の課題も描かれています。社歴の長い日本企業の多くが、同じような問題を抱えています。その原因は新型企業病である、実行型シンドロームです。本書では少しコミカルに描かせていただきましたが、片山鋳造で起きていることは、まさに現実に起きていることなのです。自分たちが実行型シンドロームに陥っていることに気づくだけでも、状況を変えることはできます。実行型・戦略型ハイブリッド組織への変革です。そして、この新型企業病を治す治療薬こそがマーケティング思考なのです。

もし、あなたに叶えたい夢があるなら、本書を通してあなたが獲得した「気づき」をもとに、自ら戦略を立て、作戦を練り、戦術を小さく動かしてみてください。失敗を恐れず、仮説検証サイクルを回し続ければ、必ず突破口は見えてくるはずです。本当に大切なことは、成功するまで、やり抜くことです。そうすればあなたも、この物語の登場人物たちと同じように、小さな奇跡を起こすことができるはずです。小さな奇跡は、やがて大きな実績となり、あなたの夢を叶えてくれるでしょう。

マーケティングに魔法の杖はありません。でも時々、奇跡を起こします。マーケティングにおいて、奇跡のように思える事象のすべては、あなたの行動の結果なのです。

先人たちが教えてくれた道を歩くこともちろん大切ですが、時には道に迷い、冒険を続ける、おバカなアリになってもいいのではないでしょうか？　それでしか辿り着けない場所もあるのではないかと私は思います。

さあ、これからは、あなたのマーケティングの物語が始まります。

最後になりますが、前著『１００人の村で84人に新商品を売る方法』の制作メンバー、雷鳥社の益田光さま、デザインの石山さつきさま、イラストの仲島綾乃さまが再集結し、またこうして一冊の本を作り上げることができましたこと、本当にかけがえのない時間でした。

親愛なるクライアントの皆様、そして、プロジェクトのメンバーの皆様。本書は、皆様と過ごした、成功前夜のあの日々のことを思い出しながら書きました。皆様と試行錯誤を続けたあの日々がなければ、この本は決して書けませんでした。本当にありがとうございました。そして、これからも前進を続けていきましょう。

これまでの人生で私と出会ってくれた、たくさんの素敵な方々に本書を捧げます。最後に、どんな時も応援し続けてくれる妻に、そして、母に心からの感謝を伝えさせてください。

森本尚樹

フォローアップ

最後に本編の「遥が学んだマーケティング理論」で学んだ重要ポイントを要約しておきます。各チェック項目をゆっくりと読みながら、登場人物たちが講義を受けた後、物語はどのように展開していったのかを思い出してみてください。そして、あなたがその時に、どのようなことを学び、どのような気づきを得たのか、できればそれを改めて言語化してみましょう。あなたのマーケティング力は飛躍的に向上します。

遥が学んだマーケティング理論1　設計図が足りない！

- □ マーケティングとは「お客さまから選ばれ続ける仕組みを作る」こと
- □ マーケティングは頂点から「戦略」「作戦」「戦術」の順で並ぶピラミッドである
- □ 戦略を考える目的は「差別化ポイント」を作り顧客に選んでもらいやすくするため
- □ 作戦を立てる目的は「顧客の購入障壁を撤廃」し買いやすくするため
- □ 戦術を実行する目的は「認知を拡大」し顧客・見込顧客を獲得するため
- □ 「戦略の失敗は戦術では補えない」

遥が学んだマーケティング理論２　顧客視点が足りない！

□　顧客はモノやサービスではなく「解決策」を購入している

□　「誰に何を売るのか？」がマーケティングにおける最上位の戦略

□　強力な戦略を作るためには「誰のどのような痛みを解消するのか」と思考する

□　顧客は「ディープ・プロブレム」を解消するために商品を購入している

遥が学んだマーケティング理論３　プロセスが足りない！

□　ビジネスを成功させるためには「販売プロセス」が必要

【販売プロセス】

①　見込顧客（顧客）の連絡先を入手する

②　21日を超えない間隔で価値のある情報だけを届け続ける

遥が学んだマーケティング理論4　成長戦略が足りない！

□マーケティング・セクション（MS）は常に「市場と顧客」に視点を向けるべき
□MSはどの主幹部門にも属さない「独立部門」とすべき
□マーケティング力を強化するためには「全社でマーケティングを推進」すべき
□MSの役割は売ることではなく「仕組みを作ること」である
□MSの仕事は「販売促進」「新商品開発」「市場開拓」「事業開発」の4つ

遥が学んだマーケティング理論5　差別化が足りない！

□「差別化」を行う理由はライバルの商品では解決できない問題を抱えている顧客のため

【競争戦略3ステップ方法】

STEP①　ライバルの自慢を書き出す
STEP②　それをネガティブなものに置き換える
STEP③　自社のあるべき姿を考える

【差別化戦略3ステップ法】

STEP① 捨てる(ライバルの自慢、利点、特徴、基本機能、慣習、常識、既成概念)

STEP② 正反対に置き換える

STEP③ それを支えるものを加える

遥が学んだマーケティング理論6　新商品が足りない！

□ 新技術の開発に固執せず、あくまでも「顧客の抱える問題を解決すること」をめざす

【保有技術を生かす】

① 保有している自社の技術を他分野に応用できないか

② 保有している自社の技術にほんの少しの工夫を取り入れられないか

③ 保有している自社の技術と他社の技術を組み合わせることはできないか

遥が学んだマーケティング理論7　コンセプトが足りない!

□ コンセプトとは「問題解決」「特別な体験」「価値観の共有」の3つである

□ 売り手と「価値観を共有」できるか否かで商品が選ばれる時代が到来している

遥が学んだマーケティング理論8　ホスピタリティが足りない!

□ 「ホスピタリティの向上」はビジネスに好影響をもたらす

□ すべての人は「自分を大切な存在として対応」してもらいたいと強く願っている

□ 顧客は「自尊心を回復」させるためネガティブなレビューを書き込む

□ 数秒たりとも顧客を入口に「放置」してはならない

□ 店内では定期的に「顧客の表情」を確認せよ

□ 「秘密のオプション」を事前に用意しサプライズを演出せよ

【リピーターの3つの条件】

①初回の来店時に、思い出になる出来事を作ること

②2回目以降の来店の際に「いつもありがとうございます」と言えること
③3か月以内に3回の来店をいただくこと

遥が学んだマーケティング理論9　戦略思考が足りない！

□ほとんどの会社は「戦略型組織」として生まれる
□戦略型組織は「再現性の高い成功のシナリオ」を探す組織
□会社を大きくするためには戦略型組織から「実行型組織」へ変革しなければならない
□組織が実行型に傾きすぎると「実行型シンドローム」を発症し会社は衰退を始める
□会社が衰退する前に「実行型・戦略型ハイブリッド組織」へ再変革すべき

遥が学んだマーケティング理論10　リーダーへのアプローチが足りない！

□「顧客は5つのタイプに分類でき、新商品はそのタイプ順に普及」する
□新商品の価値を自ら頭で判断し購入を決定できるのは「14%のリーダー」だけ
□新商品を普及させるためには「リーダーへのアプローチ」が必須

◆解説動画およびマニュアルの配布に関するお知らせ

本書をご購入いただいた方に、「森本尚樹の解説動画」を限定公開させていただきます。本書で紹介した実践マーケティング理論や、本書のエピソードの裏話、実践マーケティングの学び方などもお話をさせていただきます。本書と合わせて解説動画をご覧いただくことで、本書で学んだマーケティング理論をより深く理解できるようになると考えています。

また、本書で紹介した実践マーケティング理論を図解付でまとめた「実践マーケティング実行マニュアル（ＰＤＦ版）」を無料でダウンロードしていただけます。

なお、本サービスは予告なく終了又は内容を変更する場合がありますので、予めご了ください。視聴およびダウンロードには下記のパスワードが必要です。

この物語を読んだ、あなたの感想や、ご質問なども合わせてお聞かせください。お一人おひとりのメッセージを、ありがたく読ませていただきます。

◆解説動画の視聴及びマニュアルのダウンロード

JAMIA実践マーケティングオンラインスクール
アドレス：https://www.marketing-instructor.org
パスワード：oaiaua

◆参考文献

「100人の村で84人に新商品を売る方法」(森本尚樹著/雷鳥社/2018)

「マーケティングは他社の強みを捨てることから始まる:いつも失敗するのは「差別化したつもり」だった」(森本尚樹著/明日香出版社/2006)

「世界を変えたいなら一度"武器"を捨ててしまおう」(奥山真司著. フォレスト出版, 2012)

「働かないアリに意義がある」(長谷川英祐著/山と渓谷社/2021)

「マーケティング発想法」(T・レビット著・土岐坤訳/ダイヤモンド社/1971)

「企業戦略論」(H.I.アンゾフ著・広田寿亮訳/産業能率大学出版部/1985)

「WILLPOWER 意志力の科学」(ロイ・バウマイスター著・ジョン・ティアニー著・渡会圭子訳/インターシフト/2013)

「中古車販売の常識を覆す!インターネット販売のすごいノウハウ!」(斉藤一郎著/エルブレーントラスト/2014)

「アント・ワールド~アリの世界~」(エドワード・O・ウィルソン著・大河原恭祐監訳・川岸史訳/NEWTON PRESS/2021)

「Lazy workers are necessary for long-term sustainability in insect societies(働かないワーカーは社会性昆虫のコロニーの長期的存続に必須である)」長谷川英祐著・石井康規著・多田紘一郎著・小林和也著・吉村仁著/Scientific Reports/2016)

「本当に旨い たまご料理の作り方100」(ホテルニューオータニ監修/イカロス出版/2016)

「技術革新の普及過程」(E.ロジャース著・藤竹暁訳/培風館/1966)

「キャズム:新商品をブレイクさせる「超」マーケティング理論 Ver・2増補改訂版」(ジェフリー・ムーア著・川又政治訳/翔泳社/2014)

「小さく賭けろ!世界を変えた人と組織の成功の秘密」(ピーター・シムズ著・滑川海彦、高橋信夫訳/日経 BP社/2012)

「自動車鋳造部品のアルミニウム化」(小松昇著/軽金属　1985年35巻9号 P534-P544)

「アリの集団採餌とエラー戦略」(西森拓著/西村信一郎著/応用数理 2014年24巻2号 P.59-65)

「景気に左右されずに収益 一扱いは"こだわり"の1車種のみ一 斉藤一郎さんに聞く」(日刊自動車新聞/2013.11.13)

上記の他にもさまざまな書籍、文献、著作物から多大なる気づきをいただきました。私のマーケティング理論には、偉大な先人たちの英知が活かされています。

著者略歴

森本 尚樹

MORIMOTO NAOKI

エルブレーントラスト株式会社　代表取締役
JAMIA実践マーケティングオンラインスクール 主宰
マーケティングインストラクター®

医療機関に勤務の後、社員数わずか数十名の医療機器開発ベンチャーに転職。約二十年間で同社が東証一部上場を果たすまでの、ほとんどすべてのマーケティング戦略に関与。予算なし、権限なし、専任なし、人材なし、期待なしで結成された社員五名のプロジェクトから累計で百億円を超える商品群を創出することに成功。常に十以上のプロジェクトを統括し、上場の原動力となる製品群を創出した。同社の戦略マーケティング統括部長を経て、同社を円満退職後、マーケティング支援会社、エルブレーントラスト株式会社を設立。代表取締役に就任。以降、独自のマーケティング戦略を武器に、全国にクライアントを持ち、ほとんどすべてのクライアントで成果を出し続けている。さまざまな取り組みは読売新聞、日経産業新聞、フジサンケイビジネスアイなどの大手マスコミにたびたび取り上げられる。全国の商工会議所や生産性本部、国立大学法人、政府系ベンチャーキャピタル等での講演活動を精力的に行っている。現在は中堅・中小企業のマーケティングセクションの立ち上げや、新規事業の創出のサポートなどに力を入れている。著書に「１００人の村で８４人に新商品を売る方法」（雷鳥社）、「マーケティングは他社の強みを捨てることから始まる」（明日香出版社）がある。

【お問合わせ】
morimoto@lbraintrust.co.jp
【エルブレーントラスト株式会社】
https://www.lbraintrust.co.jp/
【実践マーケティングオンラインスクール】
https://www.marketing-instructor.org

売れない世界で
選ばれ続ける「仕組み」を作る方法

2024年3月13日　初版第1刷発行

著者／森本尚樹
デザイン／石山さつき
イラスト／仲島綾乃
編集／益田光

発行者／安在美佐緒
発行所／雷鳥社

〒167-0043 東京都杉並区上荻 2-4-12
TEL 03-5303-9766
FAX 03-5303-9567
HP http://www.raichosha.co.jp
E-mail info@raichosha.co.jp
郵便振替　00110-9-97086

協力／小林美和子
印刷・製本／シナノ印刷株式会社

ISBN 978-4-8441-3803-7 C0063